COLLECTION PARCOURS D'UNE ŒUVRE
Sous la direction de Michel Laurin

PHÈDRE

DE

JEAN RACINE

Texte intégral

SUIVI D'UNE ÉTUDE DE L'ŒUVRE

PAR

PAUL-G. CROTEAU

ENSEIGNANT AU CÉGEP DE TROIS-RIVIÈRES

Beauchemin

PHÈDRE DE JEAN RACINE
TEXTE INTÉGRAL
SUIVI D'UNE ÉTUDE DE L'ŒUVRE PAR PAUL-G. CROTEAU
COLLECTION «PARCOURS D'UNE ŒUVRE» SOUS LA DIRECTION
DE MICHEL LAURIN

© 2000   **GD** Groupe **Beauchemin**, éditeur ltée

3281, avenue Jean-Béraud
Laval (Québec) H7T 2L2
Téléphone : (514) 334-5912
            1 800 361-4504
Télécopieur : (450) 688-6269
http://www.beauchemin.qc.ca

Nous reconnaissons l'aide financière du gouvernement du Canada par
l'entremise du Programme d'Aide au Développement de l'Industrie de
l'Édition (PADIÉ) pour nos activités d'édition.

ISBN : 2-7616-0993-X

Dépôt légal : 1er trimestre 2000
Bibliothèque nationale du Québec   Imprimé au Canada
Bibliothèque nationale du Canada   1 2 3 4 5   04 03 02 01 00

Supervision éditoriale : PIERRE DESAUTELS
Production : CAROLE OUIMET
Révision linguistique : GUY BONIN
Conception graphique : MARTIN DUFOUR, A.R.C.
Mise en pages : TREVOR AUBERT JONES
Correction d'épreuves : DIANE TRUDEAU
Impression : IMPRIMERIES TRANSCONTINENTAL INC.

TABLE DES MATIÈRES

Portrait de Jean Racine (attribué à De Troy).

Grandeur et misère d'un poète de cour

Lire Racine, c'est ouvrir une fenêtre sur une époque dorée, sans doute l'apogée de la culture française : le Roi-Soleil, les fastes de sa cour, les intrigues amoureuses qui en ont fait les délices et les malheurs ; c'est entendre murmurer les fantômes de cette noblesse oisive et de ces poètes à tort oubliés, qui fouillèrent jusqu'à l'obsession les détours de l'âme humaine, les motifs de la passion, les facettes obscures de l'amour...

«Notre plus grand poète» : plusieurs critiques français désignent ainsi Racine. La vie et l'œuvre de cet observateur impitoyable du cœur humain sont tout entières marquées par la grandeur : il a vécu durant le Grand Siècle, sous Louis XIV, le plus grand roi que la France ait connu. De son vivant, ses tragédies ont suscité des passions, et ont continué à les soulever depuis.

Phèdre est sans aucun doute l'œuvre la plus achevée de Jean Racine, certains même la placent au sommet d'une longue liste de tragédies, toutes plus admirables les unes que les autres ; il a mis plus de deux ans à l'écrire, à la peaufiner. Chaque mot, chaque ponctuation, chaque blanc ou chaque silence semble avoir été mesuré à l'aune du divin, du parfait, du Beau. Et si, dès sa présentation, cette tragédie n'a pas connu auprès du public le succès escompté par son auteur, c'est que ses ennemis avaient monté une cabale contre lui et sa pièce. Mais l'auditoire n'a pas longtemps été dupe. *Phèdre* a connu plus de trois cents ans de succès !

Après *Phèdre*, Racine a choisi de se taire : pendant plus de douze ans, il n'a plus écrit pour le théâtre. Silence tragique, le plus pathétique de tous les cris, qui montre bien à quel point cette œuvre l'avait amené aux confins de sa démarche, à la limite de sa virtuosité. En cette année (1999) qui marque le tricentenaire de sa mort, il semblait approprié de lui redonner la parole.

PHÈDRE

DE

JEAN RACINE

LES PERSONNAGES

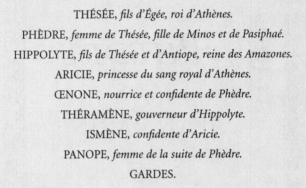

THÉSÉE, *fils d'Égée, roi d'Athènes.*

PHÈDRE, *femme de Thésée, fille de Minos et de Pasiphaé.*

HIPPOLYTE, *fils de Thésée et d'Antiope, reine des Amazones.*

ARICIE, *princesse du sang royal d'Athènes.*

ŒNONE, *nourrice et confidente de Phèdre.*

THÉRAMÈNE, *gouverneur d'Hippolyte.*

ISMÈNE, *confidente d'Aricie.*

PANOPE, *femme de la suite de Phèdre.*

GARDES.

LA SCÈNE EST À TRÉZÈNE, VILLE DU PÉLOPONNÈSE.

N. B. : Les mots suivis du symbole § sont définis dans le lexique, à la page 210.
L'ouvrage contient un glossaire des noms propres, que l'on pourra consulter
à la page 206.

ACTE I

SCÈNE 1 : Hippolyte, Théramène

Hippolyte

Le dessein en est pris[1] : je pars, cher Théramène,
Et quitte le séjour de l'aimable Trézène[2].
Dans le doute mortel dont je suis agité[3],
Je commence à rougir de mon oisiveté.
5 Depuis plus de six mois éloigné de mon père,
J'ignore le destin d'une tête[4] si chère ;
J'ignore jusqu'aux lieux qui le peuvent cacher.

Théramène

Et dans quels lieux, Seigneur, l'allez-vous donc chercher ?
Déjà, pour satisfaire à votre juste[5] crainte,
10 J'ai couru les deux mers que sépare Corinthe ;
J'ai demandé Thésée aux peuples de ces bords[6]
Où l'on voit l'Achéron[7] se perdre chez les morts ;
J'ai visité l'Élide, et laissant le Ténare,
Passé jusqu'à la mer qui vit tomber Icare[8].
15 Sur quel espoir nouveau, dans quels heureux climats
Croyez-vous découvrir la trace de ses pas ?

---

1 *Le dessein en est pris* : ma décision est prise.
2 *le séjour de l'aimable Trézène* : l'agréable lieu de Trézène. Thésée enfant a été recueilli par le roi de la ville de Trézène ; après le massacre des Pallantides, frères d'Aricie, il est allé s'y purifier.
3 *dont je suis agité* : qui me tourmente.
4 *tête* : par métonymie, personne, c'est-à-dire Thésée, son père.
5 *juste* : légitime, justifiée.
6 *bords* : pays lointains.
7 *Achéron* : fleuve de la mythologie ; les morts doivent le traverser pour atteindre les Enfers, domaine du dieu Pluton.
8 *la mer qui vit tomber Icare* : partie sud de la mer Égée. « Icare » : voir le glossaire des noms propres, à la page 207.

Qui sait même, qui sait si le roi votre père
Veut que de son absence on sache le mystère ?
Et si, lorsque avec vous nous tremblons pour ses jours,
20　Tranquille, et nous cachant de nouvelles amours[1],
Ce héros n'attend point qu'une amante abusée[2].

HIPPOLYTE

Cher Théramène, arrête, et respecte Thésée.
De ses jeunes erreurs[3] désormais revenu,
Par un indigne obstacle il n'est point retenu ;
25　Et, fixant de ses vœux[4] l'inconstance fatale[5],
Phèdre depuis longtemps ne craint plus de rivale.
Enfin en le cherchant je suivrai mon devoir,
Et je fuirai ces lieux que je n'ose plus voir.

THÉRAMÈNE

Hé ! depuis quand, Seigneur, craignez-vous la présence
30　De ces paisibles lieux, si chers à votre enfance,
Et dont je vous ai vu préférer le séjour[6]
Au tumulte pompeux d'Athène[7] et de la cour ?
Quel péril, ou plutôt quel chagrin[8] vous en chasse ?

HIPPOLYTE

Cet heureux temps n'est plus. Tout a changé de face
35　Depuis que sur ces bords[9] les dieux ont envoyé
La fille de Minos et de Pasiphaé.

1　Thésée a une réputation de «coureur» (voir v. 60).

2　*une amante abusée* : une femme qu'il aurait enjôlée ou enlevée.

3　*jeunes erreurs* : erreurs de jeunesse.

4　*fixant de ses vœux* : contrôlant ses désirs amoureux. Thésée ne serait plus
　inconstant (infidèle).

5　*inconstance fatale* : infidélité qui occasionne des ennuis ; le mot «fatal» n'est pas
　nécessairement lié à l'idée de mort.

6　*séjour* : voir la note au v. 2.

7　*Athène* : licence poétique ; si Racine avait gardé le «s» final, le vers aurait compté
　treize syllabes.

8　*chagrin* : douleur ou mécontentement.

9　*bords* : ici, rivages.

Théramène (Pascal Rollin)
Hé ! depuis quand, Seigneur, craignez-vous la présence
De ces paisibles lieux, si chers à votre enfance,
Et dont je vous ai vu préférer le séjour
Au tumulte pompeux d'Athène et de la cour ?
Quel péril, ou plutôt quel chagrin vous en chasse ?

Hippolyte (Denis Bernard)
Cet heureux temps n'est plus. Tout a changé de face
Depuis que sur ces bords les dieux ont envoyé
La fille de Minos et de Pasiphaé.
Acte i, scène 1, vers 29 à 36.

Théâtre du Nouveau Monde, 1988.
Mise en scène d'Olivier Reichenbach.

THÉRAMÈNE

J'entends[1] : de vos douleurs la cause m'est connue.
Phèdre ici vous chagrine, et blesse votre vue.
Dangereuse marâtre[2], à peine elle vous vit,
40   Que votre exil d'abord signala son crédit[3].
Mais sa haine sur vous autrefois attachée,
Ou s'est évanouie, ou s'est bien relâchée.
Et d'ailleurs quels périls vous peut faire courir
Une femme mourante, et qui cherche à mourir ?
45   Phèdre, atteinte d'un mal qu'elle s'obstine à taire,
Lasse enfin d'elle-même et du jour qui l'éclaire,
Peut-elle contre vous former quelques desseins ?

HIPPOLYTE

Sa vaine inimitié n'est pas ce que je crains.
Hippolyte en partant fuit une autre ennemie :
50   Je fuis, je l'avouerai, cette jeune Aricie,
Reste d'un sang fatal conjuré contre nous[4].

THÉRAMÈNE

Quoi ! vous-même, Seigneur, la persécutez-vous ?
Jamais l'aimable[5] sœur des cruels Pallantides
Trempa-t-elle aux complots de ses frères perfides[6] ?
55   Et devez-vous haïr ses innocents appas[7] ?

HIPPOLYTE

Si je la haïssais, je ne la fuirais pas.

---

1 *J'entends* : je comprends.
2 *marâtre* : belle-mère (sans connotation péjorative).
3 *votre exil d'abord signala son crédit* : votre exil (à Trézène) est la preuve de son influence sur Thésée.
4 *Reste d'un sang fatal conjuré contre nous* : seule survivante d'une famille sinistre (les Pallantides) qui a comploté contre nous (contre la famille de mon père).
5 *aimable* : qui mérite d'être aimée, en raison de sa valeur, de sa vertu.
6 *frères perfides* : les parents d'Aricie (les Pallantides) qui ont trahi Thésée en tentant de lui ravir le trône.
7 *ses innocents appas* : les attraits d'Aricie, innocente des crimes de ses frères.

THÉRAMÈNE

Seigneur, m'est-il permis d'expliquer votre fuite ?
Pourriez-vous n'être plus ce superbe[1] Hippolyte,
Implacable ennemi des amoureuses lois
60   Et d'un joug[2] que Thésée a subi tant de fois ?
Vénus, par votre orgueil[3] si longtemps méprisée[4],
Voudrait-elle à la fin justifier Thésée ?
Et vous mettant au rang du reste des mortels,
Vous a-t-elle forcé d'encenser ses autels ?
65   Aimeriez-vous, Seigneur ?

HIPPOLYTE

                          Ami, qu'oses-tu dire ?
Toi qui connais mon cœur depuis que je respire,
Des sentiments d'un cœur si fier[5], si dédaigneux,
Peux-tu me demander le désaveu honteux ?
C'est peu qu'avec son lait une mère amazone
70   M'ait fait sucer encor cet orgueil[6] qui t'étonne.
Dans un âge plus mûr moi-même parvenu,
Je me suis applaudi quand je me suis connu.
Attaché près de moi par un zèle sincère,
Tu me contais alors l'histoire de mon père.

---

1   *superbe* : fier, orgueilleux (sans connotation péjorative).

2   *joug* : dépendance (ici, à l'égard de l'amour).

3   *orgueil* : fierté (sans idée d'arrogance).

4   *Vénus, par votre orgueil si longtemps méprisée* : Hippolyte ne méprise pas Vénus,
    mais, par fierté («orgueil»), il n'a jamais succombé aux «amoureuses lois».
    Jusqu'à ce qu'il tombe amoureux d'Aricie, il a vécu sans se soucier des femmes,
    entièrement occupé aux plaisirs masculins (chasse, guerre, lutte, sports, etc.).
    Au vers 64, lorsque Théramène lui demande si Vénus l'a «forcé d'encenser ses
    autels», il lui demande en fait s'il est amoureux.

5   *fier* : farouche (ici, qui oppose une résistance à l'amour).

6   Sa mère, Antiope, était une Amazone. Dans la mythologie, les Amazones for-
    maient une tribu de femmes guerrières méprisant les hommes. En tétant le lait
    maternel, Hippolyte a hérité de l'orgueil (la fierté) de celle-ci. Rappelons aussi
    que les Amazones, paraît-il, se tranchaient un sein pour mieux tirer à l'arc.

75 Tu sais combien mon âme, attentive à ta voix,
S'échauffait aux récits de ses nobles[1] exploits ;
Quand tu me dépeignais ce héros intrépide
Consolant les mortels de l'absence d'Alcide[2],
Les monstres étouffés et les brigands punis,
80 Procruste, Cercyon, et Scirron, et Sinnis,
Et les os dispersés du géant d'Épidaure,
Et la Crète fumant du sang du Minotaure[3].
Mais quand tu récitais des faits moins glorieux[4],
Sa foi[5] partout offerte et reçue en cent lieux ;
85 Hélène à ses parents dans Sparte dérobée[6] ;
Salamine témoin des pleurs de Péribée[7] ;
Tant d'autres, dont les noms lui sont même échappés,
Trop crédules esprits que sa flamme a trompés[8] :
Ariane aux rochers contant ses injustices[9],
90 Phèdre enlevée enfin sous de meilleurs auspices[10] ;
Tu sais comme à regret écoutant ce discours,
Je te pressais§ souvent d'en abréger le cours.

---

1 *nobles* : remarquables, héroïques.

2 *Alcide* : Hercule (descendant d'Alcée).

3 Les exploits de Thésée l'ont rendu presque aussi célèbre qu'Hercule. Les noms de personnages énumérés sont ceux des brigands et des monstres dont Thésée a débarrassé la Grèce.

4 *faits moins glorieux* : ceux qui ternissent la réputation de Thésée, c'est-à-dire ses aventures amoureuses.

5 *foi* : fidélité, engagement.

6 Thésée aurait enlevé Hélène et l'aurait cachée près d'Athènes, mais ne l'aurait pas «déshonorée». Rendue à ses parents, elle épouse Ménélas, roi de Sparte. Plus tard, Pâris l'enlève à son tour, déclenchant ainsi la guerre de Troie.

7 *Péribée* : épouse de Télamon, roi de la ville de Salamine, et mère d'Ajax (deux héros ayant participé à la guerre de Troie). Les habitants de Salamine furent émus des pleurs de l'épouse séquestrée par Thésée.

8 *Trop crédules esprits que sa flamme a trompés* : ces femmes trop naïves qui ont été victimes des serments amoureux de Thésée.

9 *Ariane* : sœur de Phèdre. Elle s'était enfuie avec Thésée, qui l'abandonnera dans l'îlot de Naxos, simple rocher au milieu de la mer, où elle mourra.

10 *sous de meilleurs auspices* : grâce à des circonstances plus favorables. Phèdre épouse Thésée, ce qui met fin aux querelles entre Athènes et la Crète.

Heureux si j'avais pu ravir à la mémoire
Cette indigne moitié d'une si belle histoire[1].

95 Et moi-même, à mon tour, je me verrais lié[2] ?
Et les dieux jusque-là[3] m'auraient humilié ?
Dans mes lâches soupirs d'autant plus méprisable,
Qu'un long amas d'honneurs rend Thésée excusable,
Qu'aucuns monstres par moi domptés jusqu'aujourd'hui,

100 Ne m'ont acquis le droit de faillir comme lui[4].
Quand même ma fierté[5] pourrait s'être adoucie,
Aurais-je pour vainqueur dû choisir Aricie ?
Ne souviendrait-il plus à mes sens égarés[6]
De l'obstacle éternel qui nous a séparés ?

105 Mon père la réprouve, et par des lois sévères
Il défend de donner des neveux à ses frères[7] :
D'une tige coupable il craint un rejeton ;
Il veut avec leur sœur ensevelir leur nom,
Et que jusqu'au tombeau soumise à sa tutelle,

110 Jamais les feux d'hymen ne s'allument pour elle[8].
Dois-je épouser ses droits[9] contre un père irrité ?

---

1   *Heureux si j'avais pu ravir [...] une si belle histoire* : j'aurais été heureux si la
    postérité avait pu être tenue dans l'ignorance de la moitié la moins glorieuse des
    exploits de mon père.

2   *lié* : prisonnier de l'amour. Hippolyte ne veut pas, comme son père, être prisonnier
    de ses passions. Le but de Racine est de montrer l'aspect destructeur des passions.

3   *jusque-là* : à ce point, à un degré si élevé.

4   Hippolyte ne peut tomber amoureux d'une femme dont la famille a été l'ennemie
    de la sienne, d'autant plus qu'il n'a accompli aucun exploit héroïque, lesquels
    excusent ou compensent les actions moins glorieuses.

5   *fierté* : voir la note au v. 67.

6   *Ne souviendrait-il plus à mes sens égarés* : ai-je à ce point perdu l'esprit que je ne
    me souviens plus.

7   Thésée a interdit l'hymen (le mariage ; le droit d'enfanter) à Aricie, car elle
    pourrait donner vie à des enfants qui deviendraient les ennemis des descendants
    de Thésée. Les enfants d'Aricie seraient les neveux des Pallantides.

8   *Jamais les feux d'hymen ne s'allument pour elle* : jamais personne n'exprime de
    désir amoureux pour elle, ne la demande en mariage. Métaphore de l'amour
    (voir «ardeur», «brûler», «feu»).

9   *épouser ses droits* : expression ayant un double sens, soit épouser sa cause (prendre
    pour elle) et allusion au mariage sans en parler expressément (atténuation).

Donnerai-je l'exemple à la témérité ?
Et dans un fol amour ma jeunesse embarquée…

THÉRAMÈNE

Ah ! Seigneur, si votre heure est une fois marquée,
115   Le ciel de nos raisons ne sait point s'informer[1].
Thésée ouvre vos yeux[2] en voulant les fermer ;
Et sa haine, irritant une flamme rebelle[3],
Prête[4] à son ennemie une grâce nouvelle.
Enfin d'un chaste amour pourquoi vous effrayer ?
120   S'il a quelque douceur, n'osez-vous l'essayer[5] ?
En croirez-vous toujours un farouche scrupule ?
Craint-on de s'égarer[6] sur les traces d'Hercule ?
Quels courages[7] Vénus n'a-t-elle pas domptés ?
Vous-même où seriez-vous, vous qui la combattez,
125   Si toujours Antiope à ses lois opposée,
D'une pudique ardeur n'eût brûlé pour Thésée[8] ?
Mais que sert d'affecter un superbe discours[9] ?
Avouez-le, tout change ; et depuis quelques jours
On vous voit, moins souvent, orgueilleux et sauvage,
130   Tantôt faire voler un char sur le rivage,
Tantôt, savant dans l'art par Neptune inventé[10],

---

1 *si votre heure est une fois marquée, / Le ciel de nos raisons ne sait point s'informer* :
  si votre destin en a décidé ainsi, le ciel (les dieux) ne vous demandera pas votre avis.

2 *ouvre vos yeux* [sur Aricie].

3 *une flamme rebelle* : un amour contraire à la volonté de Thésée.

4 *Prête* : confère.

5 *s'essayer* : éprouver, mettre à l'épreuve.

6 *s'égarer* : s'écarter des voies de la raison, de la morale.

7 *courages* : cœurs (par métonymie, le siège des sentiments).

8 *D'une pudique ardeur n'eût brûlé pour Thésée* : n'avait éprouvé un amour sincère
  pour Thésée.

9 *Mais que sert d'affecter un superbe discours ?* : est-il nécessaire de prétendre ne pas
  être amoureux en prononçant des paroles présomptueuses ?

10 *l'art par Neptune inventé* : ce dieu aurait enseigné aux hommes la maîtrise des
  chevaux. Le préfixe « hippo » signifie « cheval » (hippocampe, hippodrome) ;
  Hippolyte est maître dans le dressage des chevaux, des coursiers.

Rendre docile au frein un coursier indompté.
Les forêts de nos cris moins souvent retentissent.
Chargés d'un feu§ secret, vos yeux s'appesantissent.
135 Il n'en faut point douter : vous aimez, vous brûlez§ ;
Vous périssez d'un mal que vous dissimulez.
La charmante Aricie a-t-elle su vous plaire ?

HIPPOLYTE
Théramène, je pars, et vais chercher mon père.

THÉRAMÈNE
Ne verrez-vous point Phèdre avant que de partir,
140 Seigneur ?

HIPPOLYTE
C'est mon dessein : tu peux l'en avertir.
Voyons-la, puisque ainsi mon devoir me l'ordonne.
Mais quel nouveau malheur trouble^1 sa chère Œnone ?

SCÈNE 2 : HIPPOLYTE, ŒNONE, THÉRAMÈNE

ŒNONE
Hélas ! Seigneur, quel trouble§ au mien peut être égal ?
La reine touche presque à son terme fatal.
145 En vain à l'observer jour et nuit je m'attache^2 :
Elle meurt dans mes bras d'un mal qu'elle me cache.
Un désordre^3 éternel règne dans son esprit.
Son chagrin inquiet^4 l'arrache de son lit.

---

1 *trouble* : affole, perturbe.
2 *En vain à l'observer jour et nuit je m'attache* : je prends soin d'elle jour et nuit, mais en vain.
3 *désordre* : égarement d'esprit (qui fait craindre à Œnone que la reine ne soit en train de devenir folle).
4 *inquiet* : qui ne lui laisse pas de repos.

Elle veut voir le jour ; et sa douleur profonde
150 M'ordonne toutefois d'écarter tout le monde…
Elle vient.

HIPPOLYTE
Il suffit : je la laisse en ces lieux,
Et ne lui montre point un visage odieux[1].

SCÈNE 3 : PHÈDRE, ŒNONE

PHÈDRE
N'allons point plus avant. Demeurons[2], chère Œnone.
Je ne me soutiens plus : ma force m'abandonne.
155 Mes yeux sont éblouis du jour que je revoi[3],
Et mes genoux tremblants se dérobent sous moi.
Hélas !
(*Elle s'assied.*)

ŒNONE
Dieux tout-puissants, que nos pleurs vous apaisent !

PHÈDRE
Que ces vains ornements, que ces voiles me pèsent !
Quelle importune main, en formant tous ces nœuds,
160 A pris soin sur mon front[4] d'assembler mes cheveux ?
Tout m'afflige[5] et me nuit, et conspire à me nuire.

---

1 *odieux* : qu'elle déteste. Hippolyte préfère se retirer plutôt que d'imposer à
   Phèdre sa présence ; il est persuadé que sa belle-mère le hait.
2 *Demeurons* : restons ici, arrêtons-nous. Le verbe était fréquemment employé
   sans complément.
3 *revoi* : forme qui permet de créer une « rime pour l'œil » : « revoi »/« moi ». (Voir
   aussi v. 399, 579, 640 et 987.)
4 *front* : tête.
5 *afflige* : accable, fatigue (sans idée de tristesse).

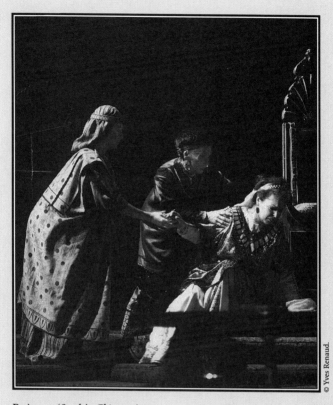

Phèdre (Sophie Clément)
Que ces vains ornements, que ces voiles me pèsent !
Quelle importune main, en formant tous ces nœuds,
A pris soin sur mon front d'assembler mes cheveux ?
Tout m'afflige et me nuit, et conspire à me nuire.

Œnone (Françoise Faucher)
Comme on voit tous ses vœux l'un et l'autre se détruire !
Acte i, scène 3, vers 158 à 162.

Théâtre du Nouveau Monde, 1988.
Mise en scène d'Olivier Reichenbach.

ŒNONE

Comme on voit tous ses vœux[1] l'un l'autre se détruire !
Vous-même, condamnant vos injustes[§] desseins,
Tantôt à vous parer vous excitiez nos mains[2] ;
165   Vous-même, rappelant votre force première,
Vous vouliez vous montrer et revoir la lumière.
Vous la voyez, Madame ; et prête à vous cacher,
Vous haïssez le jour que vous veniez chercher ?

PHÈDRE

Noble[§] et brillant auteur d'une triste[3] famille,
170   Toi, dont ma mère osait se vanter d'être fille,
Qui peut-être rougis du trouble[§] où tu me vois,
Soleil[4], je te viens voir pour la dernière fois.

ŒNONE

Quoi ! vous ne perdrez point cette cruelle envie ?
Vous verrai-je toujours, renonçant à la vie,
175   Faire de votre mort les funestes apprêts[5] ?

PHÈDRE

Dieux ! que[6] ne suis-je assise à l'ombre des forêts !
Quand pourrai-je, au travers d'une noble poussière,
Suivre de l'œil un char fuyant dans la carrière ?

ŒNONE

Quoi, Madame ?

---

1   *vœux* : demandes, requêtes.
2   *Vous-même [...] excitiez nos mains* : c'est vous-même, tout à l'heure, étant
    revenue sur votre décision injustifiée de ne plus sortir, qui m'avez exhortée à
    vous préparer (à vous coiffer).
3   *triste* : éprouvée par le malheur.
4   Phèdre s'adresse à Hélios, le dieu du Soleil, son ancêtre, et déplore ses déboires
    amoureux et ceux de sa famille.
5   *Faire de votre mort les funestes apprêts* : faire les sinistres préparatifs de votre mort.
6   *que* : pourquoi.

PHÈDRE

Insensée, où suis-je ? et qu'ai-je dit ?
180 Où laissé-je égarer mes vœux[§] et mon esprit[1] ?
Je l'ai perdu[2] : les dieux m'en ont ravi l'usage.
Œnone, la rougeur[3] me couvre le visage :
Je te laisse trop voir mes honteuses douleurs ;
Et mes yeux, malgré moi, se remplissent de pleurs.

ŒNONE

185 Ah ! s'il vous faut rougir, rougissez d'un silence
Qui de vos maux encore aigrit la violence[4].
Rebelle à tous nos soins[5], sourde à tous nos discours,
Voulez-vous sans pitié laisser finir vos jours ?
Quelle fureur[6] les borne[7] au milieu de leur course ?
190 Quel charme[8] ou quel poison en a tari la source ?
Les ombres par trois fois ont obscurci les cieux
Depuis que le sommeil n'est entré dans vos yeux ;
Et le jour a trois fois chassé la nuit obscure
Depuis que votre corps languit[9] sans nourriture.
195 À quel affreux[10] dessein vous laissez-vous tenter ?
De quel droit sur vous-même osez-vous attenter[11] ?
Vous offensez les dieux auteurs de votre vie ;
Vous trahissez l'époux à qui la foi[§] vous lie ;

---

1 Phèdre se rend compte qu'elle vient de dévoiler un indice compromettant : elle a laissé entendre qu'elle est amoureuse d'un homme conduisant un char, clairement c'est Hippolyte.

2 *Je l'ai perdu* : j'ai perdu l'esprit.

3 *la rougeur* : la honte.

4 *Qui de vos maux aigrit la violence* : qui augmente ou irrite la violence de vos maux.

5 *soins* : ici, soucis, inquiétudes.

6 *fureur* : folie, délire causé par la passion. Phèdre n'est pas en colère (sens moderne de fureur).

7 *les borne* : y met fin, les arrête.

8 *charme* : sortilège, envoûtement.

9 *languit* : souffre (à cause du chagrin).

10 *affreux* : horrible, monstrueux, avec l'idée d'infernal.

11 *De quel droit sur vous-même osez-vous attenter ?* : qu'est-ce qui vous donne le droit de vous laisser mourir ainsi ?

Vous trahissez enfin vos enfants malheureux,
200 Que vous précipitez sous un joug rigoureux[1].
Songez qu'un même jour leur ravira leur mère,
Et rendra l'espérance au fils de l'étrangère,
À ce fier[§] ennemi de vous, de votre sang[2],
Ce fils qu'une Amazone a porté dans son flanc,
205 Cet Hippolyte[3]...

PHÈDRE

Ah, dieux !

ŒNONE

Ce reproche vous touche.

PHÈDRE

Malheureuse[4], quel nom est sorti de ta bouche ?

ŒNONE

Hé bien ! votre colère[5] éclate avec raison :
J'aime à vous voir frémir à ce funeste[§] nom.
Vivez donc. Que l'amour, le devoir vous excite[6].
210 Vivez, ne souffrez[§] pas que le fils d'une Scythe[7],

---

1 *Vous trahissez enfin vos enfants malheureux, / Que vous précipitez sous un joug rigoureux* : après la mort de Phèdre, ses deux fils risquent d'être déshonorés ou opprimés («joug rigoureux»), car ils sont jeunes et sans défense. Allusion au problème du pouvoir politique essentiel à la tragédie.

2 *sang* : famille.

3 Sa mort donnerait à Hippolyte l'espoir de devenir roi ; Œnone présente le fils de l'Amazone comme indigne de régner, car ennemi de la famille, de la descendance de Phèdre.

4 *Malheureuse* : méchante, annonciatrice de malheur.

5 Œnone croit la reine en colère, alors qu'elle ressent du désespoir amoureux.

6 *excite* : anime, stimule.

7 *une Scythe* (rime avec «excite») : une Amazone. Les Amazones auraient vécu en Scythie, région de steppes située au nord de l'Asie Mineure ou près de la mer Noire.

Accablant[1] vos enfants d'un empire[2] odieux,
Commande au plus beau sang$ de la Grèce et des dieux[3].
Mais ne différez[4] point : chaque moment vous tue.
Réparez promptement votre force abattue,
215 Tandis que de vos jours, prêts à se consumer[5],
Le flambeau dure encore, et peut se rallumer.

PHÈDRE

J'en ai trop prolongé la coupable durée.

ŒNONE

Quoi ? de quelques remords êtes-vous déchirée ?
Quel crime a pu produire un trouble$ si pressant[6] ?
220 Vos mains n'ont point trempé dans le sang innocent ?

PHÈDRE

Grâces au ciel$, mes mains ne sont point criminelles.
Plût aux dieux que mon cœur fût innocent comme elles !

ŒNONE

Et quel affreux$ projet avez-vous enfanté
Dont votre cœur encor doive être épouvanté ?

PHÈDRE

225 Je t'en ai dit assez[7]. Épargne-moi le reste.
Je meurs, pour ne point faire un aveu si funeste$.

---

1 *Accablant* : humilant, opprimant.
2 *empire* : pouvoir, domination.
3 Les fils de Phèdre seraient soumis au pouvoir d'Hippolyte, situation inacceptable
   pour Œnone à cause du fait qu'Hippolyte est un sang-mêlé (le fils d'une
   Amazone et d'un Grec), alors que les fils de Phèdre et de Thésée sont des Grecs
   «pur sang» ayant pour ancêtres des dieux.
4 *différez* : tardez.
5 *prêts à se consumer* : près de s'épuiser, d'arriver à la fin.
6 *pressant* : oppressant, angoissant.
7 *assez* : trop.

ŒNONE

Mourez donc, et gardez un silence inhumain ;
Mais pour fermer vos yeux cherchez une autre main.
Quoiqu'il vous reste à peine une faible lumière[1],
230   Mon âme chez les morts descendra la première.
Mille chemins ouverts y conduisent toujours,
Et ma juste[§] douleur choisira les plus courts.
Cruelle, quand ma foi[§] vous a-t-elle déçue ?
Songez-vous qu'en naissant[2] mes bras vous ont reçue ?
235   Mon pays, mes enfants, pour vous j'ai tout quitté.
Réserviez-vous ce prix à ma fidélité ?

PHÈDRE

Quel fruit[3] espères-tu de tant de violence ?
Tu frémiras d'horreur si je romps le silence.

ŒNONE

Et que me direz-vous qui ne cède, grands dieux !
240   À l'horreur de vous voir expirer à mes yeux[4] ?

PHÈDRE

Quand tu sauras mon crime, et le sort qui m'accable[§],
Je n'en mourrai pas moins, j'en mourrai plus coupable.

ŒNONE

Madame, au nom des pleurs que pour vous j'ai versés,
Par vos faibles genoux que je tiens embrassés,
245   Délivrez mon esprit de ce funeste[§] doute.

---

1   *une faible lumière* : à peine un peu de vie, ou de jugement.

2   *en naissant* : quand vous êtes née.

3   *fruit* : résultat, avantage.

4   *qui ne cède [...] / À l'horreur de vous voir expirer* : qui ne dépasse l'horreur que j'éprouve à vous voir mourir.

PHÈDRE

Tu le veux. Lève-toi.

ŒNONE

Parlez : je vous écoute.

PHÈDRE

Ciel ! que lui vais-je dire ? Et par où commencer ?

ŒNONE

Par de vaines frayeurs cessez de m'offenser.

PHÈDRE

Ô haine de Vénus ! Ô fatale§ colère !
250 Dans quels égarements l'amour jeta ma mère[1] !

ŒNONE

Oublions-les, Madame ; et qu'à tout l'avenir
Un silence éternel cache ce souvenir.

PHÈDRE

Ariane, ma sœur, de quel amour blessée,
Vous mourûtes aux bords§ où vous fûtes laissée[2] !

ŒNONE

255 Que faites-vous, Madame ? et quel mortel ennui[3]
Contre tout votre sang§ vous anime aujourd'hui ?

PHÈDRE

Puisque Vénus le veut, de ce sang§ déplorable[4]
Je péris la dernière et la plus misérable.

---

1 Par vengeance, les dieux ont rendu Pasiphaé, la mère de Phèdre, amoureuse d'un
   taureau ; de cette union monstrueuse naît le Minotaure. C'est la passion coupable
   à laquelle Phèdre fait allusion lorsqu'elle parle, au vers 680, du «feu fatal à tout
   [s]on sang» : les amours interdites ou funestes frappent d'autres membres de sa
   famille.
2 Voir v. 89. Phèdre donne des indices clairs : comme sa mère et sa sœur, elle est
   victime de Vénus, donc de l'amour.
3 *ennui* : douleur odieuse, violent désespoir.
4 *déplorable* : qui mérite d'être plaint.

ŒNONE

Aimez-vous ?

PHÈDRE

De l'amour j'ai toutes les fureurs§.

ŒNONE

260 Pour qui ?

PHÈDRE

Tu vas ouïr[1] le comble des horreurs.
J'aime… À ce nom fatal§, je tremble, je frissonne.
J'aime…

ŒNONE

Qui ?

PHÈDRE

Tu connais ce fils de l'Amazone,
Ce prince si longtemps par moi-même opprimé ?

ŒNONE

Hippolyte ! Grands dieux !

PHÈDRE

C'est toi qui l'as nommé.

ŒNONE

265 Juste ciel ! tout mon sang dans mes veines se glace.
Ô désespoir ! ô crime ! ô déplorable§ race[2] !
Voyage infortuné ! Rivage malheureux,
Fallait-il approcher de tes bords§ dangereux ?

---

1 *ouïr* : entendre.
2 *race* : famille.

Phèdre

Mon mal vient de plus loin. À peine au fils d'Égée
270   Sous les lois de l'hymen je m'étais engagée[1],
Mon repos, mon bonheur semblait être affermi;
Athènes me montra mon superbe[§] ennemi.
Je le vis, je rougis, je pâlis à sa vue;
Un trouble[§] s'éleva dans mon âme éperdue;
275   Mes yeux ne voyaient plus, je ne pouvais parler;
Je sentis tout mon corps et transir[2] et brûler[§];
Je reconnus Vénus et ses feux[§] redoutables,
D'un sang[§] qu'elle poursuit tourments inévitables.
Par des vœux[3] assidus je crus les détourner :
280   Je lui bâtis un temple, et pris soin de l'orner;
De victimes moi-même à toute heure entourée[4],
Je cherchais dans leurs flancs ma raison[5] égarée,
D'un incurable amour remèdes impuissants !
En vain sur les autels ma main brûlait l'encens :
285   Quand ma bouche implorait le nom de la déesse,
J'adorais Hippolyte; et le voyant sans cesse,
Même au pied des autels que je faisais fumer[6],
J'offrais tout à ce dieu que je n'osais nommer.
Je l'évitais partout. Ô comble de misère !
290   Mes yeux le retrouvaient dans les traits de son père.
Contre moi-même enfin j'osai me révolter :
J'excitai[§] mon courage[§] à le persécuter.
Pour bannir l'ennemi dont j'étais idolâtre,
J'affectai les chagrins d'une injuste marâtre[7];

---

1 *À peine au fils d'Égée / […] je m'étais engagée* : je venais tout juste d'être unie
   à Thésée par les liens du mariage.
2 *transir* : glacer, geler.
3 *vœux* : ici, prières adressées à une divinité.
4 *De victimes […] entourée* : entourée de victimes de la déesse, c'est-à-dire de gens
   souffrant des tourments amoureux.
5 *raison* : jugement, sens du devoir.
6 *que je faisais fumer* : que j'enfumais avec de l'encens.
7 *J'affectai les chagrins d'une injuste marâtre* : j'ai simulé la mauvaise humeur,
   la sévérité sans fondement d'une belle-mère.

295 Je pressai son exil[1], et mes cris éternels
 L'arrachèrent du sein[2] et des bras paternels.
 Je respirais[3], Œnone ; et depuis son absence,
 Mes jours moins agités[§] coulaient dans l'innocence.
 Soumise à mon époux, et cachant mes ennuis[§],
300 De son fatal hymen je cultivais les fruits[4].
 Vaines précautions ! Cruelle destinée !
 Par mon époux lui-même à Trézène amenée,
 J'ai revu l'ennemi que j'avais éloigné :
 Ma blessure trop vive a aussitôt saigné.
305 Ce n'est plus une ardeur[§] dans mes veines cachée :
 C'est Vénus tout entière à sa proie attachée.
 J'ai conçu pour mon crime une juste terreur[5] ;
 J'ai pris la vie en haine, et ma flamme[§] en horreur.
 Je voulais en mourant prendre soin de ma gloire[6],
310 Et dérober au jour une flamme si noire[7] :
 Je n'ai pu soutenir tes larmes, tes combats ;
 Je t'ai tout avoué ; je ne m'en repens pas,
 Pourvu que de ma mort respectant les approches,
 Tu ne m'affliges[§] plus par d'injustes[§] reproches,
315 Et que tes vains secours cessent de rappeler
 Un reste de chaleur[8] tout prêt à s'exhaler.

---

1 *Je pressai son exil* : j'ai insisté pour qu'il soit exilé (par son père à Trézène).
2 *sein* : milieu familial.
3 *Je respirais* : j'étais soulagée, je pouvais enfin me reposer.
4 *De son fatal hymen je cultivais les fruits* : j'élevais les enfants, fruits de mon sinistre mariage avec Thésée.
5 *J'ai conçu pour mon crime une juste terreur* : deux sens possibles : le 1er, mon crime m'inspire une peur, un effroi justifié ; le 2e, j'ai conçu pour mon crime un juste châtiment : me laisser mourir.
6 *prendre soin de ma gloire* : sauvegarder mon honneur, préserver ma réputation, valeur primordiale au XVIIe siècle.
7 *flamme si noire* : amour si coupable, passion si criminelle (comme dans «magie noire» — mauvaise — ou «noirs desseins» — intentions criminelles).
8 *Un reste de chaleur* : mon dernier souffle.

SCÈNE 4 : Phèdre, Œnone, Panope

Panope

Je voudrais vous cacher une triste§ nouvelle,
Madame ; mais il faut que je vous la révèle.
La mort vous a ravi votre invincible époux ;
320   Et ce malheur n'est plus ignoré que de vous.

Œnone

Panope, que dis-tu ?

Panope

Que la reine abusée§
En vain demande au ciel§ le retour de Thésée ;
Et que par des vaisseaux arrivés dans le port
Hippolyte son fils vient d'apprendre sa mort.

Phèdre

325   Ciel !

Panope

Pour le choix d'un maître Athènes se partage.
Au prince votre fils l'un donne son suffrage,
Madame ; et de l'État l'autre oubliant les lois,
Au fils de l'étrangère ose donner sa voix.
On dit même qu'au trône une brigue insolente
330   Veut placer Aricie et le sang§ de Pallante.
J'ai cru de ce péril vous devoir avertir.
Déjà même Hippolyte est tout prêt à partir ;
Et l'on craint, s'il paraît dans ce nouvel orage[1],
Qu'il n'entraîne après lui tout un peuple volage[2].

Œnone

335   Panope, c'est assez. La reine, qui t'entend§,
Ne négligera point cet avis important.

---

1   *nouvel orage* : agitation possible liée à la succession au trône.
2   *peuple volage* : groupe de partisans qui risquent de changer d'idée.

SCÈNE 5 : PHÈDRE, ŒNONE

ŒNONE

Madame, je cessais de vous presser§ de vivre ;
Déjà même au tombeau je songeais à vous suivre ;
Pour vous en détourner je n'avais plus de voix ;
340 Mais ce nouveau malheur vous prescrit d'autres lois.
Votre fortune[1] change et prend une autre face :
Le roi n'est plus, Madame ; il faut prendre sa place.
Sa mort vous laisse un fils à qui vous vous devez[2],
Esclave s'il vous perd, et roi si vous vivez.
345 Sur qui, dans son malheur, voulez-vous qu'il s'appuie ?
Ses larmes n'auront plus de main qui les essuie ;
Et ses cris innocents, portés jusques aux dieux,
Iront contre sa mère irriter ses aïeux[3].
Vivez, vous n'avez plus de reproche à vous faire :
350 Votre flamme devient une flamme ordinaire[4].
Thésée en expirant vient de rompre les nœuds
Qui faisaient tout le crime et l'horreur de vos feux§.
Hippolyte pour vous devient moins redoutable ;
Et vous pouvez le voir sans vous rendre coupable.
355 Peut-être convaincu de votre aversion,
Il va donner un chef à la sédition[5].
Détrompez son erreur, fléchissez son courage§.
Roi de ces bords§ heureux, Trézène est son partage[6] ;

---

1 *fortune* : situation, destin.
2 *à qui vous vous devez* : envers qui vous avez des obligations.
3 *aïeux* : ancêtres, ici les dieux.
4 *Votre flamme devient une flamme ordinaire* : votre passion amoureuse devient un amour acceptable par la société.
5 *Peut-être convaincu de votre aversion, / Il va donner un chef à la sédition* : s'il est persuadé que vous le détestez, Hippolyte prendra la tête de la sédition (ceux qui s'opposent à vous et à votre fils).
6 Trézène est la part de l'héritage qui revient à Hippolyte, selon Œnone. Lui-même parlera de ce partage du royaume avec Aricie aux vers 477 et 478 et 505 à 508.

Mais il sait que les lois donnent à votre fils
360   Les superbes§ remparts que Minerve[1] a bâtis.
Vous avez l'un et l'autre une juste ennemie[2].
Unissez-vous tous deux pour combattre Aricie.

PHÈDRE

Hé bien ! à tes conseils je me laisse entraîner.
Vivons, si vers la vie on peut me ramener,
365   Et si l'amour d'un fils[3] en ce moment funeste§
De mes faibles esprits peut ranimer le reste.

---

1   *Minerve* : déesse protectrice de la ville d'Athènes. Œnone affirme donc que le trône d'Athènes revient au fils aîné de Phèdre.

2   *une juste ennemie* : une ennemie authentique, véritable.

3   *l'amour d'un fils* : ambiguïté volontaire ; de quel fils s'agit-il ?

ACTE II

SCÈNE 1 : ARICIE, ISMÈNE

ARICIE

Hippolyte demande à me voir en ce lieu ?
Hippolyte me cherche, et veut me dire adieu ?
Ismène, dis-tu vrai ? N'es-tu point abusée§ ?

ISMÈNE

370 C'est le premier effet de la mort de Thésée.
Préparez-vous, Madame, à voir de tous côtés
Voler vers vous les cœurs par Thésée écartés[1].
Aricie, à la fin, de son sort est maîtresse,
Et bientôt à ses pieds verra toute la Grèce.

ARICIE

375 Ce n'est donc point, Ismène, un bruit mal affermi[2] ?
Je cesse d'être esclave, et n'ai plus d'ennemi ?

ISMÈNE

Non, Madame, les dieux ne vous sont plus contraires[3] ;
Et Thésée a rejoint les mânes[4] de vos frères§.

ARICIE

Dit-on quelle aventure a terminé ses jours ?

---

1 Thésée interdit tout amour à Aricie, qui est de la famille des Pallantides
(voir v. 105-110 et v. 427-430).

2 *bruit mal affermi* : nouvelle non fondée, rumeur.

3 *contraires* : défavorables.

4 *mânes* : âmes des morts dans leur séjour définitif, les Enfers. Le vers signifie que
Thésée est mort, mais laisse tout de même planer un doute.

ISMÈNE

380 On sème de sa mort d'incroyables discours.

On dit que, ravisseur d'une amante§ nouvelle,

Les flots ont englouti cet époux infidèle.

On dit même, et ce bruit§ est partout répandu,

Qu'avec Pirithoüs[1] aux enfers descendu,

385 Il a vu le Cocyte et les rivages sombres,

Et s'est montré vivant aux infernales ombres ;

Mais qu'il n'a pu sortir de ce triste séjour,

Et repasser les bords qu'on passe sans retour[2].

ARICIE

Croirai-je qu'un mortel, avant sa dernière heure,

390 Peut pénétrer des morts la profonde demeure ?

Quel charme§ l'attirait sur ces bords§ redoutés ?

ISMÈNE

Thésée est mort, Madame, et vous seule en doutez :

Athènes en gémit, Trézène en est instruite[3],

Et déjà pour son roi reconnaît Hippolyte.

395 Phèdre, dans ce palais, tremblante pour son fils,

De ses amis troublés§ demande les avis.

ARICIE

Et tu crois que pour moi plus humain que son père,

Hippolyte rendra ma chaîne[4] plus légère ?

Qu'il plaindra mes malheurs ?

---

1 *Pirithoüs* : ami et compagnon d'aventures de Thésée.

2 *Il a vu le Cocyte [...] qu'on passe sans retour* : plusieurs fleuves parcouraient les
    Enfers : le Cocyte, le Styx, l'Achéron et le Phlégéthon. Thésée se serait rendu aux
    Enfers, le «triste séjour» d'où l'on ne revient pas, et y aurait rencontré les âmes
    qui y habitent, les «infernales ombres».

3 *instruite* : informée.

4 La chaîne de l'esclavage (voir v. 376) dans lequel Aricie se trouve. Les femmes faites
    prisonnières après les combats devenaient souvent esclaves ou, si elles étaient de
    sang noble, devaient se plier à des exigences sévères de la part des vainqueurs.

Ismène

Madame, je le croi.

Aricie

400 L'insensible Hippolyte est-il connu de toi ?
Sur quel frivole espoir penses-tu qu'il me plaigne,
Et respecte en moi seule un sexe[1] qu'il dédaigne ?
Tu vois depuis quel temps il évite nos pas,
Et cherche tous les lieux où nous ne sommes pas.

Ismène

405 Je sais de ses froideurs tout ce que l'on récite ;
Mais j'ai vu près de vous ce superbe§ Hippolyte ;
Et même, en le voyant, le bruit de sa fierté[2]
A redoublé pour lui ma curiosité.
Sa présence à ce bruit§ n'a point paru répondre[3] :
410 Dès vos premiers regards je l'ai vu se confondre.
Ses yeux, qui vainement voulaient vous éviter,
Déjà pleins de langueur, ne pouvaient vous quitter.
Le nom d'amant§ peut-être offense son courage§ ;
Mais il en a les yeux, s'il n'en a le langage.

Aricie

415 Que mon cœur, chère Ismène, écoute avidement
Un discours qui peut-être a peu de fondement !
Ô toi qui me connais, te semblait-il croyable
Que le triste§ jouet d'un sort impitoyable,
Un cœur toujours nourri d'amertume et de pleurs,
420 Dût connaître l'amour et ses folles douleurs ?

---

1 *un sexe* : les femmes (voir la note 4, à la page 13).

2 *le bruit de sa fierté* : sa réputation d'homme orgueilleux, opposé à l'amour.

3 Ismène affirme qu'Hippolyte s'est fait une façade, pour cacher ses véritables sentiments. Même s'il n'a pas laissé voir de changement notable dans son maintien, sa personnalité, la perspicace Ismène a remarqué qu'il était troublé (« se confondre ») en présence d'Aricie.

ARICIE (Anne Bédard)
L'insensible Hippolyte est-il connu de toi ?
Sur quel frivole espoir penses-tu qu'il me plaigne,
Et respecte en moi seule un sexe qu'il dédaigne ?
[…]

ISMÈNE (Sophie Faucher)
[…]
Dès vos premiers regards je l'ai vu se confondre.
Ses yeux, qui vainement voulaient vous éviter,
Déjà pleins de langueur, ne pouvaient vous quitter.
ACTE II, SCÈNE 1, vers 400 à 402 et vers 410 à 412.

THÉÂTRE DU NOUVEAU MONDE, 1988.
Mise en scène d'Olivier Reichenbach.

Reste du sang d'un roi noble fils de la terre[1],
Je suis seule échappée aux fureurs§ de la guerre.
J'ai perdu, dans la fleur de leur jeune saison,
Six frères§, quel espoir d'une illustre maison !
425   Le fer[2] moissonna tout ; et la terre humectée
But à regret le sang des neveux[3] d'Érechtée.
Tu sais, depuis leur mort, quelle sévère loi
Défend à tous les Grecs de soupirer pour moi :
On craint que de la sœur les flammes§ téméraires
430   Ne raniment un jour la cendre de ses frères§.
Mais tu sais bien aussi de quel œil dédaigneux
Je regardais ce soin[4] d'un vainqueur soupçonneux.
Tu sais que de tout temps à l'amour opposée,
Je rendais souvent grâce à l'injuste Thésée,
435   Dont l'heureuse rigueur[5] secondait mes mépris.
Mes yeux alors, mes yeux n'avaient pas vu son fils.
Non que par les yeux seuls lâchement enchantée,
J'aime en lui sa beauté, sa grâce tant vantée,
Présents dont la nature a voulu l'honorer,
440   Qu'il méprise lui-même, et qu'il semble ignorer.
J'aime, je prise en lui de plus nobles§ richesses,
Les vertus[6] de son père, et non point les faiblesses.
J'aime, je l'avouerai, cet orgueil généreux[7]
Qui jamais n'a fléchi sous le joug§ amoureux.
445   Phèdre en vain s'honorait des soupirs de Thésée :
Pour moi, je suis plus fière, et fuis la gloire§ aisée

---

1   *Reste du sang d'un roi noble fils de la terre* : Aricie est la dernière descendante
    d'Érechtée, roi fondateur d'Athènes et ancêtre des Pallantides. Comme il était fils
    de Vulcain et de la déesse de la Terre, la rivalité entre Phèdre et Aricie devient
    donc, par ancêtres interposés, une lutte entre le Soleil et la Terre (voir v. 169-172).
2   *Le fer* : l'épée.
3   *neveux* : fils du frère, mais aussi tout autre descendant.
4   *soin* : ici, les efforts de Thésée pour la déconsidérer ou la dévaloriser.
5   *rigueur* : sévérité, fermeté.
6   *vertus* : vigueur ou sens moral (qualité).
7   *orgueil généreux* : il ne s'agit pas d'un défaut, mais de la fierté de celui qui a l'âme
    noble et place l'honneur avant toute autre valeur.

D'arracher un hommage à mille autres offert,
Et d'entrer dans un cœur de toutes parts ouvert.
Mais de faire fléchir un courage§ inflexible,
450 De porter la douleur dans une âme insensible,
D'enchaîner un captif de ses fers[1] étonné,
Contre un joug§ qui lui plaît vainement mutiné ;
C'est là ce que je veux, c'est là ce qui m'irrite[2].
Hercule à désarmer coûtait moins qu'Hippolyte
455 Et vaincu plus souvent, et plus tôt surmonté,
Préparait moins de gloire§ aux yeux qui l'ont dompté.
Mais, chère Ismène, hélas ! quelle est mon imprudence !
On ne m'opposera que trop de résistance.
Tu m'entendras peut-être, humble dans mon ennui§,
460 Gémir du même orgueil que j'admire aujourd'hui[3].
Hippolyte aimerait ? Par quel bonheur extrême
Aurais-je pu fléchir…

ISMÈNE

Vous l'entendrez lui-même :
Il vient à vous.

SCÈNE 2 : HIPPOLYTE, ARICIE, ISMÈNE

HIPPOLYTE

Madame, avant que de partir,
J'ai cru de votre sort vous devoir avertir.
465 Mon père ne vit plus. Ma juste§ défiance
Présageait les raisons de sa trop longue absence :
La mort seule, bornant ses travaux éclatants[4],
Pouvait à l'univers le cacher si longtemps.

---

1 *ses fers* (au plur.) : l'attachement amoureux.

2 *ce qui m'irrite* : ce qui excite mon ardeur.

3 *Gémir du même orgueil que j'admire aujourd'hui* : Aricie agira comme l'élue de
   son cœur, manifestant autant de fierté et d'orgueil que lui.

4 *bornant ses travaux éclatants* : mettant un terme à ses célèbres exploits (voir v. 79-82).

Les dieux livrent enfin à la Parque homicide[1]
470 L'ami, le compagnon, le successeur d'Alcide.
Je crois que votre haine, épargnant ses vertus[§],
Écoute sans regret ces noms qui lui sont dus[2].
Un espoir adoucit ma tristesse mortelle :
Je puis vous affranchir[3] d'une austère tutelle.
475 Je révoque des lois dont j'ai plaint la rigueur.
Vous pouvez disposer de vous, de votre cœur ;
Et, dans cette Trézène, aujourd'hui mon partage,
De mon aïeul[§] Pitthée autrefois l'héritage,
Qui m'a, sans balancer[4], reconnu pour son roi,
480 Je vous laisse aussi libre, et plus libre que moi.

ARICIE

Modérez des bontés dont l'excès m'embarrasse.
D'un soin[§] si généreux[§] honorer ma disgrâce,
Seigneur, c'est me ranger, plus que vous ne pensez,
Sous ces austères lois dont vous me dispensez.

HIPPOLYTE

485 Du choix d'un successeur Athènes incertaine,
Parle de vous, me nomme, et le fils de la reine.

ARICIE

De moi, Seigneur ?

HIPPOLYTE

Je sais, sans vouloir me flatter,
Qu'une superbe loi[5] semble me rejeter.

---

1 *la Parque homicide* : divinité du Destin qui coupe le fil de l'existence et délimite le moment de la mort.
2 *Je crois que votre haine [...] / Écoute sans regret ces noms qui lui sont dus* : malgré votre hostilité, vous n'ignorez pas ses qualités et vous acceptez de bon cœur les titres de gloire dont il est digne.
3 *affranchir* : libérer.
4 *balancer* : hésiter.
5 *une superbe loi* : une loi injuste, car Hippolyte n'est pas de race grecque pure, ce qui peut constituer un motif suffisant pour l'éloigner du trône.

La Grèce me reproche une mère étrangère.

490 Mais si pour concurrent je n'avais que mon frère[1],
Madame, j'ai sur lui de véritables droits
Que je saurais sauver du caprice des lois.
Un frein plus légitime arrête mon audace[2] :
Je vous cède, ou plutôt je vous rends une place,

495 Un sceptre que jadis vos aïeux§ ont reçu
De ce fameux mortel que la terre a conçu[3].
L'adoption le mit entre les mains d'Égée.
Athènes, par mon père accrue[4] et protégée,
Reconnut avec joie un roi si généreux§,

500 Et laissa dans l'oubli vos frères§ malheureux.
Athènes dans ses murs maintenant vous rappelle.
Assez§ elle a gémi d'une longue querelle ;
Assez§ dans ses sillons votre sang§ englouti
A fait fumer le champ dont il était sorti[5].

505 Trézène m'obéit. Les campagnes de Crète
Offrent au fils de Phèdre une riche retraite.
L'Attique est votre bien. Je pars, et vais pour vous
Réunir tous les vœux§ partagés entre nous.

ARICIE

De tout ce que j'entends étonnée et confuse,

510 Je crains presque, je crains qu'un songe ne m'abuse§.
Veillé-je ? Puis-je croire un semblable dessein ?
Quel dieu, Seigneur, quel dieu l'a mis dans votre sein[6] ?

---

1 *mon frère* : le fils aîné de Thésée et de Phèdre ; c'est-à-dire son demi-frère.

2 *audace* : fierté, esprit de décision.

3 *ce fameux mortel que la terre a conçu* : Érechtée (voir la note au v. 421). Pandion, le fils d'Érechtée, aurait adopté Égée. Pallas, l'ancêtre des Pallantides, était, lui, le fils légitime d'Érechtée. Ce fait accorde à Aricie plus de droits au trône qu'à Hippolyte ou qu'à tout autre descendant de Thésée. En plus de l'intrigue amoureuse, on voit se greffer une anecdote de succession.

4 *accrue* (du verbe «accroître») : agrandie, développée.

5 *Assez dans ses sillons votre sang [...] dont il était sorti* : le sang de votre famille a suffisamment coulé sur votre terre natale.

6 *dans votre sein* : en vous.

Qu'à bon droit votre gloire[§] en tous lieux est semée !
Et que la vérité passe[1] la renommée !
515 Vous-même, en ma faveur, vous voulez vous trahir[2] ?
N'était-ce pas assez de ne me point haïr,
Et d'avoir si longtemps pu défendre votre âme
De cette inimitié…

HIPPOLYTE

Moi, vous haïr, Madame ?
Avec quelques couleurs qu'on ait peint ma fierté[§],
520 Croit-on que dans ses flancs un monstre m'ait porté ?
Quelles sauvages mœurs, quelle haine endurcie
Pourrait, en vous voyant, n'être point adoucie ?
Ai-je pu résister au charme[§] décevant[3]…

ARICIE

Quoi ? Seigneur.

HIPPOLYTE

Je me suis engagé trop avant.
525 Je vois que la raison cède à la violence[4].
Puisque j'ai commencé de rompre le silence,
Madame, il faut poursuivre : il faut vous informer
D'un secret que mon cœur ne peut plus renfermer.
Vous voyez devant vous un prince déplorable[§],
530 D'un téméraire orgueil[§] exemple mémorable.
Moi qui contre l'amour fièrement révolté,
Aux fers[§] de ses captifs ai longtemps insulté ;
Qui des faibles mortels déplorant les naufrages,
Pensais toujours du bord[5] contempler les orages,

---

1 *passe* : dépasse.
2 *vous trahir* : abandonner le trône.
3 *décevant* : trompeur. Hippolyte a été envoûté par Aricie, ce qui allait à l'encontre de la loi imposée par Thésée.
4 *la raison cède à la violence* : la raison capitule devant la passion amoureuse ; on voit ici un exemple du célèbre conflit raison/passion dont on a tant parlé au sujet de l'œuvre de Racine.
5 *du bord* : de loin.

535 Asservi maintenant sous la commune loi,
Par quel trouble§ me vois-je emporté loin de moi[1] ?
Un moment a vaincu mon audace imprudente :
Cette âme si superbe§ est enfin dépendante.
Depuis près de six mois, honteux, désespéré,
540 Portant partout le trait dont je suis déchiré[2],
Contre vous, contre moi, vainement je m'éprouve[3] :
Présente, je vous fuis ; absente, je vous trouve ;
Dans le fond des forêts votre image me suit ;
La lumière du jour, les ombres de la nuit,
545 Tout retrace à mes yeux les charmes§ que j'évite ;
Tout vous livre à l'envi[4] le rebelle Hippolyte.
Moi-même, pour tout fruit de mes soins superflus,
Maintenant je me cherche, et ne me trouve plus[5].
Mon arc, mes javelots, mon char, tout m'importune ;
550 Je ne me souviens plus des leçons de Neptune[6] :
Mes seuls gémissements font retentir les bois,
Et mes coursiers oisifs ont oublié ma voix.
Peut-être le récit d'un amour si sauvage[7]
Vous fait, en m'écoutant, rougir de votre ouvrage.
555 D'un cœur qui s'offre à vous quel farouche entretien[8] !
Quel étrange captif pour un si beau lien !

---

1 *emporté loin de moi ?* : dans sa confusion, Hippolyte affiche un comportement
   qui lui est inhabituel : lui qui refusait l'amour en est maintenant prisonnier.
2 *le trait dont je suis déchiré* : le malheur qui m'accable.
3 *vainement je m'éprouve* : j'essaie en vain de résister.
4 *Tout me livre à l'envi* : tout se concerte sans cesse pour vous livrer.
5 *Moi-même […] et ne me trouve plus* : tout ce que j'ai retiré de ces précautions
   inutiles, c'est que «Maintenant je me cherche, et ne me trouve plus».
6 *des leçons de Neptune* : voir la note au v. 131.
7 *un amour si sauvage* : un amour indomptable, contraire à la bienséance.
8 *D'un cœur qui s'offre à vous quel farouche entretien !* : comme les propos d'une
   personne qui s'offre à vous de cette manière doivent vous paraître frustres et
   maladroits !

Mais l'offrande à vos yeux en doit être plus chère.
Songez que je vous parle une langue étrangère[1].
Et ne rejetez pas des vœux§ mal exprimés,
560 Qu'Hippolyte sans vous n'aurait jamais formés.

SCÈNE 3 : Hippolyte, Aricie,
Théramène, Ismène

Théramène
Seigneur, la reine vient, et je l'ai devancée.
Elle vous cherche.

Hippolyte
Moi ?

Théramène
J'ignore sa pensée.
Mais on vous est venu demander de sa part.
Phèdre veut vous parler avant votre départ.

Hippolyte
565 Phèdre ? Que lui dirai-je ? Et que peut-elle attendre ?…

Aricie
Seigneur, vous ne pouvez refuser de l'entendre.
Quoique trop convaincu de son inimitié,
Vous devez à ses pleurs quelque ombre de pitié.

Hippolyte
Cependant vous sortez. Et je pars. Et j'ignore
570 Si je n'offense point les charmes§ que j'adore !
J'ignore si ce cœur que je laisse en vos mains…

---

1 *je vous parle une langue étrangère* : parler d'amour est une chose que j'ignore ;
je ne sais pas comment exprimer l'amour.

ARICIE

Partez, Prince, et suivez vos généreux[§] desseins.
Rendez de mon pouvoir Athènes tributaire[1].
J'accepte tous les dons que vous me voulez faire.
575 Mais cet empire enfin si grand, si glorieux[§],
N'est pas de vos présents le plus cher à mes yeux.

SCÈNE 4 : HIPPOLYTE, THÉRAMÈNE

HIPPOLYTE

Ami, tout est-il prêt ? Mais la reine s'avance.
Va, que pour le départ tout s'arme[2] en diligence.
Fais donner le signal, cours, ordonne, et revien
580 Me délivrer bientôt d'un fâcheux[3] entretien.

SCÈNE 5 : PHÈDRE, HIPPOLYTE, ŒNONE

PHÈDRE, *à Œnone*

Le voici. Vers mon cœur tout mon sang se retire.
J'oublie, en le voyant, ce que je viens lui dire.

ŒNONE

Souvenez-vous d'un fils[4] qui n'espère qu'en vous.

PHÈDRE

On dit qu'un prompt départ vous éloigne de nous,
585 Seigneur. À vos douleurs je viens joindre mes larmes.
Je vous viens pour un fils expliquer mes alarmes[5].

---

1 *Rendez [...] Athènes tributaire* : placez Athènes entre mes mains ; donnez-moi le
pouvoir sur Athènes.
2 *s'arme* : se prépare.
3 *fâcheux* : pénible, déplaisant.
4 Le fils aîné de Phèdre et de Thésée, qui pourrait succéder à son père.
5 *alarmes* : inquiétudes.

Mon fils n'a plus de père : et le jour n'est pas loin
Qui de ma mort encor doit le rendre témoin.
Déjà mille ennemis attaquent son enfance.
590 Vous seul pouvez contre eux embrasser sa défense.
Mais un secret remords agite[§] mes esprits.
Je crains d'avoir fermé votre oreille à ses cris.
Je tremble que sur lui votre juste[§] colère
Ne poursuive bientôt une odieuse mère[1].

HIPPOLYTE

595 Madame, je n'ai point des sentiments si bas.

PHÈDRE

Quand vous me haïriez[2], je ne m'en plaindrais pas,
Seigneur. Vous m'avez vue attachée[3] à vous nuire ;
Dans le fond de mon cœur vous ne pouviez pas lire.
À votre inimitié j'ai pris soin de m'offrir.
600 Aux bords[§] que j'habitais je n'ai pu vous souffrir[4].
En public, en secret, contre vous déclarée,
J'ai voulu par des mers en être séparée[5] ;
J'ai même défendu, par une expresse loi,
Qu'on osât prononcer votre nom devant moi.
605 Si pourtant à l'offense on mesure la peine,
Si la haine peut seule attirer votre haine,
Jamais femme ne fut plus digne de pitié,
Et moins digne, Seigneur, de votre inimitié.

---

1 Phèdre est embarrassée : elle lui demande de prendre la défense de son fils, mais
   Hippolyte serait justifié (« juste colère ») de refuser d'aider le fils de celle qui a
   demandé à Thésée son exil à Trézène.
2 *Quand vous me haïriez* : même si vous me haïssiez.
3 *attachée* : acharnée.
4 *souffrir* : supporter, endurer.
5 *J'ai voulu par des mers en être séparée* : j'ai voulu que de grandes distances me
   séparent de vous.

HIPPOLYTE

Des droits de ses enfants une mère jalouse
610   Pardonne rarement au fils d'une autre épouse.
Madame, je le sais. Les soupçons importuns
Sont d'un second hymen les fruits les plus communs[1].
Toute autre aurait pour moi pris les mêmes ombrages,
Et j'en aurais peut-être essuyé plus d'outrages[2].

PHÈDRE

615   Ah ! Seigneur, que le ciel[§], j'ose ici l'attester,
De cette loi commune a voulu m'excepter !
Qu'un soin[§] bien différent me trouble[§] et me dévore[3] !

HIPPOLYTE

Madame, il n'est pas temps de vous troubler[§] encore.
Peut-être votre époux voit encore le jour ;
620   Le ciel[§] peut à nos pleurs accorder son retour.
Neptune le protège, et ce dieu tutélaire[4]
Ne sera pas en vain imploré par mon père.

PHÈDRE

On ne voit point deux fois le rivage des morts,
Seigneur. Puisque Thésée a vu les sombres bords[5],
625   En vain vous espérez qu'un dieu vous le renvoie,
Et l'avare[6] Achéron ne lâche point sa proie.
Que dis-je ? Il n'est point mort, puisqu'il respire en vous.
Toujours devant mes yeux je crois voir mon époux.
Je le vois, je lui parle ; et mon cœur... Je m'égare,
630   Seigneur, ma folle ardeur[§] malgré moi se déclare.

---

1   Après un second mariage, il est courant de voir un parent soupçonneux au sujet
    des enfants de l'autre.
2   *outrages* : injures, offenses.
3   *dévore* : tourmente.
4   *tutélaire* : protecteur.
5   *les sombres bords* : les Enfers (voir v. 384-385).
6   *avare* : insatiable, avide.

HIPPOLYTE

Je vois de votre amour l'effet prodigieux.
Tout mort qu'il est, Thésée est présent à vos yeux ;
Toujours de son amour votre âme est embrasée.

PHÈDRE

Oui, Prince, je languis§, je brûle§ pour Thésée.
635 Je l'aime, non point tel que l'ont vu les enfers,
Volage adorateur de mille objets^1 divers,
Qui va du dieu des morts déshonorer la couche^2 ;
Mais fidèle, mais fier§, et même un peu farouche,
Charmant, jeune, traînant tous les cœurs après soi,
640 Tel qu'on dépeint nos dieux, ou tel que je vous voi.
Il avait votre port, vos yeux, votre langage,
Cette noble pudeur^3 colorait son visage
Lorsque de notre Crète il traversa les flots,
Digne sujet des vœux§ des filles de Minos^4.
645 Que faisiez-vous alors ? Pourquoi, sans Hippolyte,
Des héros de la Grèce assembla-t-il l'élite ?
Pourquoi, trop jeune encor, ne pûtes-vous alors
Entrer dans le vaisseau qui le mit sur nos bords§ ?
Par vous aurait péri le monstre de la Crète,
650 Malgré tous les détours de sa vaste retraite.
Pour en développer l'embarras incertain^5,
Ma sœur du fil fatal§ eût armé votre main.
Mais non, dans ce dessein je l'aurais devancée :
L'amour m'en eût d'abord inspiré la pensée.
655 C'est moi, Prince, c'est moi dont l'utile secours
Vous eût du Labyrinthe enseigné les détours.

---

1 *objets* : ici, femmes aimées.
2 Thésée serait descendu aux Enfers pour essayer d'enlever l'épouse du dieu
   Pluton, Proserpine.
3 *noble pudeur* : honnête honte.
4 *filles de Minos* : Ariane et Phèdre (voir la note au v. 89).
5 *développer l'embarras incertain* : élucider le mystère des détours du Labyrinthe.

PHÈDRE (Sophie Clément)
L'amour m'en eût d'abord inspiré la pensée.
C'est moi, Prince, c'est moi dont l'utile secours
Vous eût du Labyrinthe enseigné les détours.
Que de soins m'eût coûtés cette tête charmante !
[…]

HIPPOLYTE (Denis Bernard)
Dieux ! qu'est-ce que j'entends ? Madame, oubliez-vous
Que Thésée est mon père, et qu'il est votre époux ?
ACTE II, SCÈNE 5, vers 654 à 657 et vers 663 et 664.

THÉÂTRE DU NOUVEAU MONDE, 1988.
Mise en scène d'Olivier Reichenbach.

Que de soins§ m'eût coûtés cette tête§ charmante !
Un fil n'eût point assez rassuré votre amante§.
Compagne du péril qu'il vous fallait chercher,
660 Moi-même devant vous j'aurais voulu marcher ;
Et Phèdre au Labyrinthe avec vous descendue
Se serait avec vous retrouvée, ou perdue.

HIPPOLYTE

Dieux ! qu'est-ce que j'entends ? Madame, oubliez-vous
Que Thésée est mon père, et qu'il est votre époux ?

PHÈDRE

665 Et sur quoi jugez-vous que j'en perds la mémoire,
Prince ? Aurais-je perdu tout le soin§ de ma gloire§ ?

HIPPOLYTE

Madame, pardonnez. J'avoue, en rougissant,
Que j'accusais à tort un discours innocent.
Ma honte ne peut plus soutenir votre vue ;
670 Et je vais…

PHÈDRE

Ah ! cruel, tu m'as trop entendue§.
Je t'en ai dit assez pour te tirer d'erreur.
Hé bien ! connais donc Phèdre et toute sa fureur§.
J'aime. Ne pense pas qu'au moment que je t'aime,
Innocente à mes yeux je m'approuve moi-même ;
675 Ni que du fol amour qui trouble ma raison
Ma lâche complaisance ait nourri le poison[1].
Objet§ infortuné des vengeances célestes,
Je m'abhorre encor plus que tu ne me détestes.

---

1 *Ne pense pas qu'au moment […] ait nourri le poison* : ne crois pas que depuis que
je t'aime, me considérant non coupable, je m'approuve moi-même ; ne crois pas
non plus que par un lâche contentement j'aie nourri le poison qu'est cet amour
fou qui trouble ma raison.

Les dieux m'en sont témoins, ces dieux qui dans mon flanc,
680 Ont allumé le feu fatal à tout mon sang[1],
Ces dieux qui se sont fait une gloire[§] cruelle
De séduire[2] le cœur d'une faible mortelle.
Toi-même en ton esprit rappelle le passé.
C'est peu de t'avoir fui, cruel, je t'ai chassé ;
685 J'ai voulu te paraître odieuse, inhumaine ;
Pour mieux te résister, j'ai recherché ta haine.
De quoi m'ont profité[3] mes inutiles soins[§] ?
Tu me haïssais plus, je ne t'aimais pas moins.
Tes malheurs te prêtaient[4] encor de nouveaux charmes[§].
690 J'ai langui[§], j'ai séché, dans les feux[§], dans les larmes.
Il suffit de tes yeux pour t'en persuader,
Si tes yeux un moment pouvaient me regarder.
Que dis-je ? Cet aveu que je te viens de faire,
Cet aveu si honteux, le crois-tu volontaire ?
695 Tremblante pour un fils que je n'osais trahir,
Je te venais prier de ne le point haïr.
Faibles projets d'un cœur trop plein de ce qu'il aime !
Hélas ! je ne t'ai pu parler que de toi-même.
Venge-toi, punis-moi d'un odieux amour.
700 Digne fils du héros qui t'a donné le jour,
Délivre l'univers d'un monstre qui t'irrite.
La veuve de Thésée ose aimer Hippolyte !
Crois-moi, ce monstre affreux[§] ne doit point t'échapper.
Voilà mon cœur. C'est là que ta main doit frapper.
705 Impatient déjà d'expier son offense,
Au-devant de ton bras je le sens qui s'avance[5].

---

1 *Ont allumé le feu fatal à tout mon sang* : ont fait dans ma famille tant de victimes
   de l'amour.
2 *séduire* : tromper, induire en erreur.
3 *De quoi m'ont profité* : que m'ont rapporté.
4 *prêtaient* : conféraient.
5 *Impatient déjà d'expier [...] je le sens qui s'avance* : mon cœur, impatient d'expier
   l'offense que je te fais en avouant t'aimer, me semble se précipiter vers ton bras
   (qui tient une épée).

Frappe. Ou si tu le crois indigne de tes coups,
Si ta haine m'envie[1] un supplice si doux,
Ou si d'un sang trop vil ta main serait trempée,
710 Au défaut de ton bras prête-moi ton épée.
Donne.

ŒNONE
Que faites-vous, Madame ? Justes dieux !
Mais on vient. Évitez des témoins odieux[2] ;
Venez, rentrez, fuyez une honte certaine.

SCÈNE 6 : HIPPOLYTE, THÉRAMÈNE

THÉRAMÈNE
Est-ce Phèdre qui fuit, ou plutôt qu'on entraîne ?
715 Pourquoi, Seigneur, pourquoi ces marques de douleur ?
Je vous vois sans épée[3], interdit, sans couleur.

HIPPOLYTE
Théramène, fuyons. Ma surprise est extrême.
Je ne puis sans horreur me regarder moi-même.
Phèdre… Mais non, grands dieux ! qu'en un profond oubli
720 Cet horrible secret demeure enseveli.

THÉRAMÈNE
Si vous voulez partir, la voile est préparée.
Mais Athènes, Seigneur, s'est déjà déclarée.
Ses chefs ont pris les voix de toutes ses tribus.
Votre frère[§] l'emporte, et Phèdre a le dessus[4].

---

1 *Si ta haine m'envie* : si, par haine, tu me refuses.
2 *des témoins odieux* : des témoins qui trouveraient odieux votre comportement.
3 *Je vous vois sans épée* : symbole de noblesse ; sans épée il était dépouillé comme un roturier. Théramène s'étonne de le voir privé du signe de son rang.
4 Les dirigeants d'Athènes se sont déclarés en faveur du demi-frère d'Hippolyte pour occuper le trône. Cela contrecarre les plans d'Hippolyte. Phèdre a gagné.

HIPPOLYTE

725   Phèdre ?

THÉRAMÈNE
Un héraut[1] chargé des volontés d'Athènes
De l'État en ses mains vient remettre les rênes[2].
Son fils est roi, Seigneur.

HIPPOLYTE
Dieux, qui la connaissez,
Est-ce donc sa vertu[§] que vous récompensez ?

THÉRAMÈNE
Cependant un bruit[§] sourd veut que le roi respire.
730   On prétend que Thésée a paru dans l'Épire[3].
Mais moi qui l'y cherchai, Seigneur, je sais trop bien…

HIPPOLYTE
N'importe, écoutons tout, et ne négligeons rien.
Examinons ce bruit[§], remontons à sa source.
S'il ne mérite pas d'interrompre ma course[4],
735   Partons ; et quelque prix qu'il en puisse coûter,
Mettons le sceptre aux mains dignes de le porter[5].

---

1   *héraut* : messager.
2   *De l'État en ses mains vient remettre les rênes* : inversion : vient remettre entre
    ses mains les rênes de l'État (les instruments du pouvoir).
3   *Épire* : région montagneuse du nord de la Grèce.
4   *interrompre ma course* : modifier les plans de mon départ.
5   *Mettons le sceptre aux mains dignes de le porter* : remettons le pouvoir entre
    les mains de celle qui est digne de l'assumer (Aricie). Hippolyte est décidé à
    respecter la promesse faite plus haut (v. 507-508).

ACTE III

SCÈNE 1 : Phèdre, Œnone

Phèdre

Ah ! que l'on porte ailleurs les honneurs[1] qu'on m'envoie.
Importune, peux-tu souhaiter qu'on me voie ?
De quoi viens-tu flatter mon esprit désolé[2] ?
740　Cache-moi bien plutôt : je n'ai que trop parlé.
Mes fureurs[§] au dehors ont osé se répandre.
J'ai dit ce que jamais on ne devait entendre.
Ciel ! comme il m'écoutait ! Par combien de détours
L'insensible a longtemps éludé mes discours[3] !
745　Comme il ne respirait[4] qu'une retraite prompte !
Et combien sa rougeur a redoublé ma honte !
Pourquoi détournais-tu mon funeste[§] dessein ?
Hélas ! quand son épée allait chercher mon sein,
A-t-il pâli pour moi ? me l'a-t-il arrachée ?
750　Il suffit que ma main l'ait une fois touchée,
Je l'ai rendue horrible à ses yeux inhumains ;
Et ce fer[§] malheureux profanerait ses mains[5].

Œnone

Ainsi, dans vos malheurs ne songeant qu'à vous plaindre,
Vous nourrissez un feu qu'il vous faudrait éteindre[6].

1　*les honneurs* : le sceptre et autres instruments du pouvoir qu'un messager a
　　apportés (v. 725-726).
2　*De quoi viens-tu flatter mon esprit désolé ?* : essaies-tu de me tromper, ou de me
　　mentir ?
3　*éludé mes discours* : feint de ne pas me comprendre.
4　*respirait* : souhaitait.
5　*Il suffit que ma main l'ait une fois touchée, / [...] profanerait ses mains* : Pour
　　Hippolyte, le fait que Phèdre ait touché son épée a rendu l'arme horrible à ses
　　yeux. (Voir aussi la note au v. 716.)
6　*un feu qu'il vous faudrait éteindre* : un amour que vous devriez oublier.

755 Ne vaudrait-il pas mieux, digne sang[§] de Minos,
     Dans de plus nobles soins[1] chercher votre repos,
     Contre un ingrat qui plaît recourir à la fuite,
     Régner, et de l'État embrasser la conduite[2] ?

PHÈDRE

     Moi régner ! Moi ranger un État sous ma loi,
760 Quand ma faible raison[§] ne règne plus sur moi !
     Lorsque j'ai de mes sens abandonné l'empire[3] !
     Quand sous un joug[§] honteux à peine je respire !
     Quand je me meurs !

ŒNONE

     Fuyez.

PHÈDRE

                    Je ne le puis quitter.

ŒNONE

     Vous l'osâtes bannir, vous n'osez l'éviter ?

PHÈDRE

765 Il n'est plus temps. Il sait mes ardeurs[§] insensées.
     De l'austère pudeur[§] les bornes[4] sont passées.
     J'ai déclaré ma honte aux yeux de mon vainqueur,
     Et l'espoir, malgré moi, s'est glissé dans mon cœur.
     Toi-même, rappelant ma force défaillante,
770 Et mon âme déjà sur mes lèvres errante[5],
     Par tes conseils flatteurs, tu m'as su ranimer.
     Tu m'as fait entrevoir que je pouvais l'aimer.

---

1 *soins* : occupations, activités.
2 *Contre un ingrat [...] de l'État embrasser la conduite* : Œnone lui conseille d'oublier l'ingrat Hippolyte, de se venger de lui en assumant le pouvoir.
3 *j'ai de mes sens abandonné l'empire* : j'ai perdu la raison, ou je ne maîtrise plus mes désirs (comme dans l'expression «empire des sens»).
4 *les bornes* : la frontière entre ce qui est acceptable ou non.
5 *mon âme déjà sur mes lèvres errante* : mon âme qui errait presque sur mes lèvres.

ŒNONE

Hélas ! de vos malheurs innocente ou coupable,
De quoi pour vous sauver n'étais-je point capable ?
775 Mais si jamais l'offense irrita vos esprits,
Pouvez-vous d'un superbe§ oublier les mépris ?
Avec quels yeux cruels sa rigueur obstinée
Vous laissait à ses pieds peu s'en faut prosternée !
Que son farouche orgueil§ le rendait odieux !
780 Que[1] Phèdre en ce moment n'avait-elle mes yeux !

PHÈDRE

Œnone, il peut quitter cet orgueil§ qui te blesse.
Nourri[2] dans les forêts, il en a la rudesse.
Hippolyte, endurci par de sauvages lois,
Entend parler d'amour pour la première fois.
785 Peut-être sa surprise a causé son silence ;
Et nos plaintes peut-être ont trop de violence.

ŒNONE

Songez qu'une barbare[3] en son sein l'a formé.

PHÈDRE

Quoique Scythe[4] et barbare, elle a pourtant aimé.

ŒNONE

Il a pour tout le sexe une haine fatale[5].

PHÈDRE

790 Je ne me verrai point préférer de rivale.
Enfin tous tes conseils ne sont plus de saison[6].
Sers ma fureur§, Œnone, et non point ma raison§.

---

1 *Que* : pourquoi.
2 *Nourri* : élevé.
3 *barbare* : étrangère. Pour les Grecs, tous les non-Grecs étaient barbares.
4 *Scythe* : voir la note au v. 210.
5 *Il a pour tout le sexe une haine fatale* : voir v. 58-60 et v. 402.
6 *tes conseils ne sont plus de saison* : le temps des conseils est passé.

Il oppose à l'amour un cœur inaccessible :
Cherchons pour l'attaquer quelque endroit plus sensible.
795 Les charmes d'un empire[1] ont paru le toucher ;
Athènes l'attirait ; il n'a pu s'en cacher ;
Déjà de ses vaisseaux la pointe était tournée,
Et la voile flottait aux vents abandonnée[2].
Va trouver de ma part ce jeune ambitieux,
800 Œnone ; fais briller la couronne à ses yeux,
Qu'il mette sur son front[§] le sacré diadème[3] ;
Je ne veux que l'honneur de l'attacher moi-même.
Cédons-lui ce pouvoir que je ne puis garder.
Il instruira mon fils dans l'art de commander :
805 Peut-être il voudra bien lui tenir lieu de père.
Je mets sous son pouvoir et le fils et la mère.
Pour le fléchir enfin tente tous les moyens :
Tes discours trouveront plus d'accès que les miens.
Presse[§], pleure, gémis ; plains-lui Phèdre mourante ;
810 Ne rougis point de prendre une voix suppliante.
Je t'avouerai de tout[4] ; je n'espère qu'en toi.
Va : j'attends ton retour pour disposer de moi[5].

SCÈNE 2 : PHÈDRE, *seule.*

PHÈDRE

Ô toi, qui vois la honte où je suis descendue,
Implacable Vénus, suis-je assez confondue ?
815 Tu ne saurais plus loin pousser ta cruauté.
Ton triomphe est parfait ; tous tes traits ont porté[6].

---

1 *Les charmes d'un empire* : l'attrait du pouvoir.
2 La pointe de ses navires était tournée vers Athènes et leurs voiles se gonflaient de
   vent, donc il était déjà presque hors du port, prêt à se saisir du pouvoir.
3 *le sacré diadème* : la couronne royale.
4 *Je t'avouerai de tout* : je confirmerai tout ce que tu diras.
5 *disposer de moi* : décider de mon sort, c'est-à-dire choisir entre vivre ou mourir.
6 *tes traits ont porté* : la déesse a visé juste en frappant Phèdre.

Cruelle, si tu veux une gloire§ nouvelle,
Attaque un ennemi qui te soit plus rebelle.
Hippolyte te fuit ; et bravant ton courroux,
820 Jamais à tes autels n'a fléchi les genoux.
Ton nom semble offenser ses superbes§ oreilles.
Déesse, venge-toi : nos causes sont pareilles.
Qu'il aime… Mais déjà tu reviens sur tes pas,
Œnone ! On[1] me déteste, on ne t'écoute pas.

SCÈNE 3 : PHÈDRE, ŒNONE

ŒNONE

825 Il faut d'un vain amour étouffer la pensée,
Madame. Rappelez votre vertu§ passée :
Le roi, qu'on a cru mort, va paraître à vos yeux ;
Thésée est arrivé, Thésée est en ces lieux.
Le peuple, pour le voir, court et se précipite.
830 Je sortais par votre ordre, et cherchais Hippolyte,
Lorsque jusques au ciel mille cris élancés…

PHÈDRE

Mon époux est vivant, Œnone, c'est assez§.
J'ai fait l'indigne aveu d'un amour qui l'outrage§ ;
Il vit : je ne veux pas en savoir davantage.

ŒNONE

835 Quoi ?

PHÈDRE

Je te l'ai prédit ; mais tu n'as pas voulu[2].
Sur mes justes§ remords tes pleurs ont prévalu.

---

1 *On* mis pour «il», c'est-à-dire Hippolyte auprès duquel Phèdre a envoyé sa
servante.
2 *tu n'as pas voulu* : tu n'as pas voulu (par ellipse) me croire, ou me laisser agir à
ma guise.

Je mourais ce matin digne d'être pleurée ;
J'ai suivi tes conseils, je meurs déshonorée.

ŒNONE

Vous mourez ?

PHÈDRE

Juste ciel ! qu'ai-je fait aujourd'hui ?

840 Mon époux va paraître, et son fils avec lui.
Je verrai le témoin de ma flamme adultère[1]
Observer de quel front[2] j'ose aborder son père,
Le cœur gros de soupirs qu'il n'a point écoutés,
L'œil humide de pleurs par l'ingrat rebutés.

845 Penses-tu que, sensible à l'honneur de Thésée,
Il lui cache l'ardeur[§] dont je suis embrasée ?
Laissera-t-il trahir et son père et son roi ?
Pourra-t-il contenir l'horreur qu'il a pour moi ?
Il se tairait en vain. Je sais mes perfidies[3],

850 Œnone, et ne suis point de ces femmes hardies
Qui goûtant dans le crime une tranquille paix,
Ont su se faire un front[§] qui ne rougit jamais.
Je connais mes fureurs[§], je les rappelle toutes[4].
Il me semble déjà que ces murs, que ces voûtes

855 Vont prendre la parole, et prêts à m'accuser,
Attendent mon époux pour le désabuser[5].
Mourons[6]. De tant d'horreurs qu'un trépas me délivre.
Est-ce un malheur si grand que de cesser de vivre ?
La mort aux malheureux ne cause point d'effroi.

860 Je ne crains que le nom[7] que je laisse après moi.

---

1 *flamme adultère* : amour pour un autre homme que mon mari.

2 *de quel front* : avec quelle attitude.

3 *perfidies* : actions déloyales, infidélités.

4 *je les rappelle toutes* : je me les rappelle toutes.

5 *désabuser* : tirer d'erreur, détromper.

6 *Mourons* : cet impératif s'applique à Phèdre seule. Il s'agit ici de l'emploi du
«nous» de majesté.

7 *nom* : renommée, réputation.

Pour mes tristes[§] enfants quel affreux[§] héritage !
Le sang de Jupiter doit enfler leur courage[1] ;
Mais quelque juste orgueil qu'inspire un sang si beau[2],
Le crime d'une mère est un pesant fardeau.
865 Je tremble qu'un discours, hélas ! trop véritable,
Un jour ne leur reproche une mère coupable.
Je tremble qu'opprimés de ce poids odieux
L'un ni l'autre jamais n'ose lever les yeux[3].

ŒNONE

Il n'en faut point douter, je les plains l'un et l'autre ;
870 Jamais crainte ne fut plus juste[§] que la vôtre.
Mais à de tels affronts pourquoi les exposer ?
Pourquoi contre vous-même allez-vous déposer[4] ?
C'en est fait[5] : on dira que Phèdre, trop coupable,
De son époux trahi fuit l'aspect redoutable.
875 Hippolyte est heureux qu'aux dépens de vos jours
Vous-même en expirant appuyez ses discours.
À votre accusateur que pourrai-je répondre ?
Je serai devant lui trop facile à confondre.
De son triomphe affreux[§] je le verrai jouir,
880 Et conter votre honte à qui voudra l'ouïr[6].
Ah ! que plutôt du ciel la flamme me dévore[7] !
Mais ne me trompez point, vous est-il cher encore ?
De quel œil voyez-vous ce prince audacieux[8] ?

---

1 *Le sang de Jupiter doit enfler leur courage* : Minos, son père, avait pour ancêtre
   Jupiter ; elle réclame pour ses fils un courage digne du roi des dieux.
2 *Mais quelque juste orgueil qu'inspire un sang si beau* : malgré la fierté légitime
   qu'inspire une si belle famille (aux origines si nobles).
3 *jamais n'ose lever les yeux* : éprouve pour toujours de la honte.
4 *Pourquoi contre vous-même allez-vous déposer ?* : pourquoi vous condamner
   vous-même ?
5 *C'en est fait* : tout est fini.
6 *ouïr* : entendre.
7 *que plutôt du ciel la flamme me dévore* : que je sois plutôt frappée par la foudre
   divine.
8 *audacieux* : fier, orgueilleux (sans idée d'effronterie ou de témérité).

PHÈDRE

Je le vois comme un monstre effroyable à mes yeux.

ŒNONE

885 Pourquoi donc lui céder une victoire entière ?
Vous le craignez. Osez l'accuser la première
Du crime dont il peut vous charger aujourd'hui.
Qui vous démentira ? Tout parle contre lui :
Son épée en vos mains heureusement[1] laissée,
890 Votre trouble[§] présent, votre douleur passée,
Son père par vos cris[2] dès[3] longtemps prévenu,
Et déjà son exil par vous-même obtenu.

PHÈDRE

Moi, que j'ose opprimer et noircir l'innocence !

ŒNONE

Mon zèle n'a besoin que de votre silence.
895 Tremblante comme vous, j'en sens quelque remords.
Vous me verriez plus prompte affronter mille morts.
Mais puisque je vous perds sans ce triste[§] remède,
Votre vie est pour moi d'un prix à qui tout cède.
Je parlerai. Thésée, aigri[4] par mes avis,
900 Bornera[§] sa vengeance à l'exil de son fils.
Un père en punissant, Madame, est toujours père :
Un supplice léger suffit à sa colère.
Mais le sang innocent dût-il être versé,
Que ne demande point votre honneur menacé[5] ?
905 C'est un trésor trop cher pour oser le commettre[6].
Quelque loi qu'il vous dicte, il faut vous y soumettre,

---

1 *heureusement* : par un hasard heureux, par chance (v. 704-716).

2 *cris* : récriminations, plaintes.

3 *dès* : depuis.

4 *aigri* : piqué, mis en colère.

5 *Mais le sang innocent […] votre honneur menacé ?* : même si le sang innocent devait être versé (s'il fallait tuer), la sauvegarde de votre honneur ne l'exige-t-elle pas ?

6 *commettre* : compromettre, mettre en péril.

Madame; et pour sauver votre honneur combattu,
Il faut immoler[1] tout, et même la vertu§.
On vient; je vois Thésée.

PHÈDRE

Ah ! je vois Hippolyte;
910 Dans ses yeux insolents je vois ma perte écrite.
Fais ce que tu voudras, je m'abandonne à toi.
Dans le trouble§ où je suis, je ne puis rien pour moi.

SCÈNE 4 : Thésée, Hippolyte, Phèdre, Œnone, Théramène

THÉSÉE

La fortune§ à mes vœux§ cesse d'être opposée,
Madame; et dans vos bras met…

PHÈDRE

Arrêtez, Thésée,
915 Et ne profanez§ point des transports si charmants[2].
Je ne mérite plus ces doux empressements[3].
Vous êtes offensé. La fortune§ jalouse
N'a pas en votre absence épargné votre épouse.
Indigne de vous plaire et de vous approcher,
920 Je ne dois désormais songer qu'à me cacher.

---

1 *immoler* : sacrifier.
2 *transports si charmants* : élans de passion qui sont si agréables.
3 *empressements* : marques d'affection.

© Yves Renaud.

Phèdre (Sophie Clément)
Moi, que j'ose opprimer et noircir l'innocence !

Œnone (Françoise Faucher)
Mon zèle n'a besoin que de votre silence.
Tremblante comme vous, j'en sens quelque remords.
Vous me verriez plus prompte affronter mille morts.
Mais puisque je vous perds sans ce triste remède,
Votre vie est pour moi d'un prix à qui tout cède.
Acte III, scène 3, vers 893 à 898.

Théâtre du Nouveau Monde, 1988.
Mise en scène d'Olivier Reichenbach.

SCÈNE 5 : Thésée, Hippolyte, Théramène

Thésée

Quel est l'étrange accueil qu'on fait à votre père,
Mon fils ?

Hippolyte

Phèdre peut seule expliquer ce mystère.
Mais si mes vœux[§] ardents vous peuvent émouvoir,
Permettez-moi, Seigneur, de ne la plus revoir ;
925 Souffrez[1] que pour jamais le tremblant Hippolyte
Disparaisse des lieux que votre épouse habite.

Thésée

Vous, mon fils, me quitter ?

Hippolyte

Je ne la cherchais pas :
C'est vous qui sur ces bords[§] conduisîtes ses pas.
Vous daignâtes, Seigneur, aux rives de Trézène
930 Confier en partant Aricie et la reine.
Je fus même chargé du soin[2] de les garder.
Mais quels soins[§] désormais peuvent me retarder ?
Assez[§] dans les forêts mon oisive jeunesse
Sur de vils ennemis a montré son adresse.
935 Ne pourrai-je, en fuyant un indigne repos,
D'un sang plus glorieux[§] teindre mes javelots ?
Vous n'aviez pas encore atteint l'âge où je touche,
Déjà plus d'un tyran, plus d'un monstre farouche
Avait de votre bras senti la pesanteur ;
940 Déjà, de l'insolence heureux persécuteur,
Vous aviez des deux mers assuré les rivages ;
Le libre voyageur ne craignait plus d'outrages[§] ;

---

1 *souffrez* : consentez, permettez.
2 *soin* : ici, devoir, obligation.

Hercule, respirant sur le bruit de vos coups,
Déjà de son travail se reposait sur vous[1].
945   Et moi, fils inconnu d'un si glorieux^§ père,
Je suis même encor loin des traces de ma mère[2].
Souffrez^§ que mon courage^§ ose enfin s'occuper.
Souffrez, si quelque monstre a pu vous échapper,
Que j'apporte à vos pieds sa dépouille honorable,
950   Ou que d'un beau trépas la mémoire durable,
Éternisant des jours si noblement finis,
Prouve à tout l'univers que j'étais votre fils[3].

THÉSÉE

Que vois-je ? Quelle horreur dans ces lieux répandue
Fait fuir devant mes yeux ma famille éperdue[4] ?
955   Si je reviens si craint et si peu désiré,
Ô ciel^§ ! de ma prison pourquoi m'as-tu tiré ?
Je n'avais qu'un ami[5]. Son imprudente flamme^§
Du tyran de l'Épire allait ravir la femme,
Je servais à regret ses desseins amoureux ;
960   Mais le sort irrité nous aveuglait tous deux.
Le tyran m'a surpris sans défense et sans armes.
J'ai vu Pirithoüs, triste^§ objet^§ de mes larmes,
Livré par ce barbare à des monstres cruels
Qu'il nourrissait du sang des malheureux mortels[6].

---

1   *Hercule, respirant [...] se reposait sur vous* : Hercule, reprenant son souffle (ou se reposant) après avoir entendu parler de vos exploits, comptait sur vous pour lui succéder et accomplir d'autres travaux.

2   Voir la note au v. 70.

3   La liste des exploits (v. 938-944) accomplis par Thésée (alors qu'il avait l'âge d'Hippolyte) donne à ce dernier un sentiment d'infériorité. Les derniers vers montrent qu'il estime avoir atteint l'âge de prouver sa valeur.

4   *éperdue* : troublée, affolée.

5   *un ami* : Pirithoüs (voir v. 384 et 962).

6   Le roi de l'Épire faisait dévorer ses ennemis par ses chiens ; Thésée se vengera en lui servant sa propre médecine.

965 Moi-même, il m'enferma dans des cavernes sombres,
Lieux profonds, et voisins de l'empire des ombres[1].
Les dieux, après six mois, enfin m'ont regardé :
J'ai su tromper les yeux de qui j'étais gardé[2].
D'un perfide§ ennemi j'ai purgé[3] la nature ;
970 À ses monstres lui-même a servi de pâture ;
Et lorsque avec transport§ je pense m'approcher
De tout ce que les dieux m'ont laissé de plus cher ;
Que dis-je ? Quand mon âme, à soi-même rendue,
Vient se rassasier d'une si chère vue,
975 Je n'ai pour tout accueil que des frémissements[4] :
Tout[5] fuit, tout se refuse à mes embrassements.
Et moi-même, éprouvant la terreur§ que j'inspire,
Je voudrais être encor dans les prisons d'Épire.
Parlez. Phèdre se plaint que je suis outragé§.
980 Qui m'a trahi ? Pourquoi ne suis-je pas vengé ?
La Grèce, à qui mon bras fut tant de fois utile,
A-t-elle au criminel accordé quelque asile ?
Vous ne répondez point[6]. Mon fils, mon propre fils
Est-il d'intelligence[7] avec mes ennemis ?
985 Entrons. C'est trop garder un doute qui m'accable§.
Connaissons à la fois le crime et le coupable.
Que Phèdre explique enfin le trouble§ où je la vois.

---

1 *l'empire des ombres* : les Enfers.
2 *les yeux de qui j'étais gardé* : les yeux de **ceux par** qui j'étais gardé.
3 *purgé* : délivré, débarrassé.
4 *frémissements* : accueil froid ou craintif.
5 *Tout* : chacun.
6 Thésée s'adresse aux gardes, aux serviteurs, aux nobles de la cour.
7 *d'intelligence* : de connivence, de mèche.

SCÈNE 6 : Hippolyte, Théramène

Hippolyte

Où tendait ce discours qui m'a glacé d'effroi ?
Phèdre, toujours en proie à sa fureur[§] extrême,
990 Veut-elle s'accuser et se perdre elle-même ?
Dieux ! que dira le roi ! Quel funeste[§] poison
L'amour a répandu sur toute sa maison !
Moi-même, plein d'un feu que sa haine réprouve[1],
Quel il m'a vu jadis, et quel il me retrouve[2] !
995 De noirs pressentiments viennent m'épouvanter.
Mais l'innocence enfin n'a rien à redouter.
Allons, cherchons ailleurs par quelle heureuse adresse[3]
Je pourrai de mon père émouvoir la tendresse,
Et lui dire un amour qu'il peut vouloir troubler[§],
1000 Mais que tout son pouvoir ne saurait ébranler.

---

1 *un feu que sa haine réprouve* : un amour qu'il condamne par haine.
2 *Quel il m'a vu jadis, et quel il me trouve* : quelle différence entre le fils qu'il a vu jadis et celui qu'il retrouve aujourd'hui.
3 *adresse* : moyen, procédé.

 ACTE IV

SCÈNE 1 : Thésée, Œnone

Thésée

Ah ! qu'est-ce que j'entends ? Un traître, un téméraire
Préparait cet outrage§ à l'honneur de son père ?
Avec quelle rigueur, destin, tu me poursuis !
Je ne sais où je vais, je ne sais où je suis.
1005 Ô tendresse ! ô bonté trop mal récompensée !
Projet audacieux ! détestable[1] pensée !
Pour parvenir au but de ses noires amours,
L'insolent de la force empruntait le secours.
J'ai reconnu le fer§, instrument de sa rage,
1010 Ce fer§ dont je l'armai pour un plus noble usage.
Tous les liens du sang§ n'ont pu le retenir ?
Et Phèdre différait à le faire punir ?
Le silence de Phèdre épargnait le coupable ?

Œnone

Phèdre épargnait plutôt un père déplorable§.
1015 Honteuse du dessein d'un amant furieux[2]
Et du feu§ criminel qu'il a pris dans ses yeux[3],
Phèdre mourait, Seigneur, et sa main meurtrière
Éteignait de ses yeux l'innocente lumière§.
J'ai vu lever le bras, j'ai couru la sauver.
1020 Moi seule à votre amour j'ai su la conserver ;
Et plaignant à la fois son trouble§ et vos alarmes§,
J'ai servi, malgré moi, d'interprète à ses larmes.

---

1 *détestable* : qui suscite l'horreur.

2 *amant furieux* : amant aveuglé par la passion.

3 *qu'il a pris dans ses yeux* : qui l'a saisi en la voyant.

© Yves Renaud.

Œnone (Françoise Faucher)
J'ai vu lever le bras, j'ai couru la sauver.
Moi seule à votre amour j'ai su la conserver ;
Et plaignant à la fois son trouble et vos alarmes,
J'ai servi, malgré moi, d'interprète à ses larmes.

Thésée (Gérard Poirier)
Le perfide ! Il n'a pu s'empêcher de pâlir.
De crainte, en m'abordant, je l'ai vu tressaillir.
Acte iv, scène 1, vers 1019 à 1024.

Théâtre du Nouveau Monde, 1988.
Mise en scène d'Olivier Reichenbach.

THÉSÉE

Le perfide[§] ! Il n'a pu s'empêcher de pâlir.
De crainte, en m'abordant, je l'ai vu tressaillir.
1025 Je me suis étonné de son peu d'allégresse ;
Ses froids embrassements ont glacé ma tendresse.
Mais ce coupable amour dont il est dévoré
Dans Athènes déjà s'était-il déclaré ?

ŒNONE

Seigneur, souvenez-vous des plaintes de la reine.
1030 Un amour criminel causa toute sa haine.

THÉSÉE

Et ce feu[§] dans Trézène a donc recommencé ?

ŒNONE

Je vous ai dit, Seigneur, tout ce qui s'est passé.
C'est trop laisser la reine à sa douleur mortelle ;
Souffrez[§] que je vous quitte et me range[1] auprès d'elle.

SCÈNE 2 : THÉSÉE, HIPPOLYTE

THÉSÉE

1035 Ah ! le voici. Grands dieux ! à ce noble[§] maintien
Quel œil ne serait pas trompé comme le mien ?
Faut-il que sur le front d'un profane adultère
Brille de la vertu le sacré caractère[2] ?
Et ne devrait-on pas à des signes certains
1040 Reconnaître le cœur des perfides[§] humains ?

---

1 *me range* : reprenne mon rang, ma place ; retourne à mon devoir.
2 *Faut-il que sur le front [...] le sacré caractère ?* : pourquoi faut-il qu'une personne qui a souillé le caractère sacré du mariage ait l'air si vertueuse ?

HIPPOLYTE

Puis-je vous demander quel funeste§ nuage,
Seigneur, a pu troubler§ votre auguste visage^1 ?
N'osez-vous confier ce secret à ma foi§ ?

THÉSÉE

Perfide§, oses-tu bien te montrer devant moi ?
1045 Monstre, qu'a trop longtemps épargné le tonnerre^2,
Reste impur des brigands dont j'ai purgé§ la terre !
Après que le transport§ d'un amour plein d'horreur
Jusqu'au lit de ton père a porté sa fureur§,
Tu m'oses présenter une tête§ ennemie,
1050 Tu parais dans des lieux pleins de ton infamie,
Et ne vas pas chercher, sous un ciel inconnu,
Des pays où mon nom ne soit pas parvenu !
Fuis, traître. Ne viens point braver ici ma haine
Et tenter un courroux que je retiens à peine.
1055 C'est bien assez pour moi de l'opprobre^3 éternel
D'avoir pu mettre au jour un fils si criminel,
Sans que ta mort encor, honteuse à ma mémoire^4,
De mes nobles travaux vienne souiller la gloire^5.
Fuis ; et si tu ne veux qu'un châtiment soudain
1060 T'ajoute aux scélérats qu'a punis cette main,
Prends garde que jamais l'astre qui nous éclaire
Ne te voie en ces lieux mettre un pied téméraire.
Fuis, dis-je ; et sans retour précipitant tes pas,
De ton horrible aspect purge§ tous mes États.
1065 Et toi, Neptune, et toi, si jadis mon courage
D'infâmes assassins^6 nettoya ton rivage,

---

1 *auguste visage* : vénérable, respectable personne.
2 *tonnerre* : foudre, vengeance divine. (Voir la note au v. 881.)
3 *opprobre* : déshonneur, honte.
4 *honteuse à ma mémoire* : qui jette la honte sur ma réputation.
5 *De mes nobles travaux vienne souiller la gloire* : vienne ternir la réputation que
   m'ont acquise mes glorieux exploits.
6 *assassins* : criminels, mais pas nécessairement meurtriers.

Souviens-toi que pour prix de mes efforts heureux,
Tu promis d'exaucer le premier de mes vœux[§].
Dans les longues rigueurs d'une prison cruelle
1070 Je n'ai point imploré ta puissance immortelle.
Avare du secours que j'attends de tes soins[1],
Mes vœux[§] t'ont réservé pour de plus grands besoins :
Je t'implore aujourd'hui. Venge un malheureux père.
J'abandonne ce traître à toute ta colère ;
1075 Étouffe dans son sang ses désirs effrontés :
Thésée à tes fureurs[§] connaîtra tes bontés.

HIPPOLYTE

D'un amour criminel Phèdre accuse Hippolyte !
Un tel excès d'horreur rend mon âme interdite[2],
Tant de coups imprévus m'accablent[§] à la fois,
1080 Qu'ils m'ôtent la parole et m'étouffent la voix.

THÉSÉE

Traître, tu prétendais[3] qu'en un lâche silence
Phèdre ensevelirait ta brutale insolence.
Il fallait, en fuyant, ne pas abandonner
Le fer[§] qui dans ses mains aide à te condamner ;
1085 Ou plutôt il fallait, comblant ta perfidie,
Lui ravir tout d'un coup la parole et la vie.

HIPPOLYTE

D'un mensonge si noir justement irrité,
Je devrais faire ici parler la vérité,
Seigneur ; mais je supprime un secret qui vous touche.
1090 Approuvez le respect qui me ferme la bouche ;
Et sans vouloir vous-même augmenter vos ennuis[§],
Examinez ma vie, et songez qui je suis.

---

1 *Avare du secours que j'attends de tes soins* : ménageant mes appels à l'aide pour
   obtenir de toi du secours.

2 *rend mon âme interdite* : me renverse, me stupéfie.

3 *prétendais* : espérais, souhaitais.

Quelques crimes toujours précèdent les grands crimes[1].

Quiconque a pu franchir les bornes[§] légitimes

1095 Peut violer enfin les droits les plus sacrés ;

Ainsi que la vertu[§], le crime a ses degrés,

Et jamais on n'a vu la timide innocence

Passer subitement à l'extrême licence[2].

Un jour seul ne fait point d'un mortel vertueux[§]

1100 Un perfide[§] assassin[§], un lâche incestueux.

Élevé dans le sein d'une chaste héroïne,

Je n'ai point de son sang[§] démenti l'origine.

Pitthée, estimé sage entre tous les humains,

Daigna m'instruire encore au sortir de ses mains.

1105 Je ne veux point me peindre avec trop d'avantage ;

Mais si quelque vertu[§] m'est tombée en partage,

Seigneur, je crois surtout avoir fait éclater

La haine des forfaits[3] qu'on ose m'imputer.

C'est par là qu'Hippolyte est connu dans la Grèce.

1110 J'ai poussé la vertu[§] jusques à la rudesse.

On sait de mes chagrins l'inflexible rigueur[4].

Le jour n'est pas plus pur que le fond de mon cœur.

Et l'on veut qu'Hippolyte, épris d'un feu[§] profane[§]…

THÉSÉE

Oui, c'est ce même orgueil[§], lâche ! qui te condamne.

1115 Je vois de tes froideurs le principe odieux[5] :

Phèdre seule charmait[6] tes impudiques yeux ;

Et pour tout autre objet[§] ton âme indifférente

Dédaignait de brûler[§] d'une flamme[§] innocente.

---

1 *Examinez ma vie […] / Quelques crimes toujours précèdent les grands crimes* :
   Hippolyte prétend que des délits bénins précèdent des crimes graves et, donc,
   que son passé devrait être garant de son innocence.

2 *licence* : dérèglement dans les mœurs, dans la conduite ; liberté excessive.

3 *avoir fait éclater / La haine des forfaits* : avoir montré avec éclat la haine que
   j'entretiens envers tout comportement criminel.

4 *de mes chagrins l'inflexible rigueur* : combien j'ai été exigeant envers moi-même.

5 *de tes froideurs le principe odieux* : l'odieuse raison de ton accueil glacial.

6 *charmait* : enjôlait, séduisait.

Hippolyte

Non, mon père, ce cœur, c'est trop vous le celer,
1120 N'a point d'un chaste amour dédaigné de brûler§.
Je confesse à vos pieds ma véritable offense :
J'aime ; j'aime, il est vrai, malgré votre défense,
Aricie à ses lois tient mes vœux§ asservis ;
La fille de Pallante a vaincu votre fils.
1125 Je l'adore, et mon âme, à vos ordres rebelle,
Ne peut ni soupirer ni brûler§ que pour elle.

Thésée

Tu l'aimes ? ciel ! Mais non, l'artifice[1] est grossier.
Tu te feins criminel pour te justifier.

Hippolyte

Seigneur, depuis six mois je l'évite, et je l'aime :
1130 Je venais en tremblant vous le dire à vous-même.
Hé quoi ? de votre erreur rien ne vous peut tirer ?
Par quel affreux§ serment faut-il vous rassurer ?
Que la terre, le ciel§, que toute la nature…

Thésée

Toujours les scélérats ont recours au parjure.
1135 Cesse, cesse, et m'épargne un importun discours,
Si ta fausse vertu§ n'a point d'autres secours.

Hippolyte

Elle vous paraît fausse et pleine d'artifice§.
Phèdre au fond de son cœur me rend plus de justice.

Thésée

Ah ! que ton impudence excite§ mon courroux !

---

1 *artifice* : ruse, subterfuge.

© Yves Renaud.

HIPPOLYTE (Denis Bernard)
Je confesse à vos pieds ma véritable offense :
J'aime ; j'aime, il est vrai, malgré votre défense,
Aricie à ses lois tient mes vœux asservis ;
La fille de Pallante a vaincu votre fils.
Je l'adore, et mon âme, à vos ordres rebelle,
Ne peut ni soupirer ni brûler que pour elle.

THÉSÉE (Gérard Poirier)
Tu l'aimes ? ciel ! Mais non, l'artifice est grossier.
Tu te feins criminel pour te justifier.
ACTE IV, SCÈNE 2, vers 1121 à 1128.

THÉÂTRE DU NOUVEAU MONDE, 1988.
Mise en scène d'Olivier Reichenbach.

HIPPOLYTE

1140 Quel temps à mon exil, quel lieu prescrivez-vous ?

THÉSÉE

Fusses-tu par delà les colonnes d'Alcide[1],
Je me croirais encor trop voisin d'un perfide[§].

HIPPOLYTE

Chargé du crime affreux[§] dont vous me soupçonnez,
Quels amis me plaindront, quand vous m'abandonnez ?

THÉSÉE

1145 Va chercher des amis dont l'estime funeste[§]
Honore l'adultère, applaudisse à l'inceste,
Des traîtres, des ingrats, sans honneur et sans loi,
Dignes de protéger un méchant tel que toi.

HIPPOLYTE

Vous me parlez toujours d'inceste et d'adultère ?
1150 Je me tais. Cependant Phèdre sort d'une mère,
Phèdre est d'un sang[§], Seigneur, vous le savez trop bien,
De toutes ces horreurs plus rempli que le mien.

THÉSÉE

Quoi ? ta rage à mes yeux perd toute retenue ?
Pour la dernière fois, ôte-toi de ma vue :
1155 Sors, traître. N'attends pas qu'un père furieux[§]
Te fasse avec opprobre[§] arracher de ces lieux.

---

1 *les colonnes d'Alcide* : les colonnes d'Hercule, c'est-à-dire le détroit de Gibraltar,
qui relie la Méditerranée et l'océan Atlantique. Dans l'Antiquité, on les désignait
comme le bord du monde. Pour «Alcide», voir le glossaire des noms propres, à la
page 206.

© Yves Renaud.

HIPPOLYTE (Denis Bernard)
Vous me parlez toujours d'inceste et d'adultère ?
Je me tais. Cependant Phèdre sort d'une mère,
Phèdre est d'un sang, Seigneur, vous le savez trop bien,
De toutes ces horreurs plus rempli que le mien.

THÉSÉE (Gérard Poirier)
Quoi ? ta rage à mes yeux perd toute retenue ?
Pour la dernière fois, ôte-toi de ma vue :
Sors, traître. N'attends pas qu'un père furieux
Te fasse avec opprobre arracher de ces lieux.
ACTE IV, SCÈNE 2, vers 1149 à 1156.

THÉÂTRE DU NOUVEAU MONDE, 1988.
Mise en scène d'Olivier Reichenbach.

SCÈNE 3 : Thésée, *seul.*

Misérable, tu cours à ta perte infaillible.
Neptune, par le fleuve aux dieux mêmes terrible[1],
M'a donné sa parole[2], et va l'exécuter.
1160 Un dieu vengeur te suit, tu ne peux l'éviter.
Je t'aimais ; et je sens que malgré ton offense
Mes entrailles pour toi se troublent[§] par avance.
Mais à te condamner tu m'as trop engagé :
Jamais père en effet fut-il plus outragé[§] ?
1165 Justes dieux, qui voyez la douleur qui m'accable[§],
Ai-je pu mettre au jour un enfant si coupable ?

SCÈNE 4 : Phèdre, Thésée

Phèdre
Seigneur, je viens à vous, pleine d'un juste[§] effroi.
Votre voix redoutable a passé jusqu'à moi[3].
Je crains qu'un prompt effet n'ait suivi la menace.
1170 S'il en est temps encore, épargnez votre race,
Respectez votre sang, j'ose vous en prier.
Sauvez-moi de l'horreur de l'entendre crier[4],
Ne me préparez point la douleur éternelle
De l'avoir fait répandre à la main paternelle.

---

1 *le fleuve aux dieux mêmes terrible* : qui effraie même les dieux.
2 *Neptune, par le fleuve [...] / M'a donné sa parole* : Neptune m'a donné sa parole
   en jurant sur le fleuve que même les dieux jugent redoutable. Ce fleuve, c'est le
   Styx (voir la note au v. 388).
3 *a passé jusqu'à moi* : m'est parvenue. Thésée parlait très fort («voix
   redoutable»), puisque Phèdre a pu l'entendre malgré les murs.
4 *épargnez votre race, / [...] / Sauvez-moi de l'horreur de l'entendre crier* : j'ose vous
   demander d'épargner votre famille, d'en respecter les membres ; j'aurais horreur
   d'entendre les cris suppliants d'une personne de la famille. Phèdre cherche à
   sauver Hippolyte sans jamais le nommer.

THÉSÉE

1175 Non, Madame, en mon sang[§] ma main n'a point trempé ;
Mais l'ingrat toutefois ne m'est point échappé.
Une immortelle main de sa perte est chargée.
Neptune me la doit, et vous serez vengée.

PHÈDRE

Neptune vous la doit ! Quoi ? vos vœux[§] irrités...

THÉSÉE

1180 Quoi ? craignez-vous déjà qu'ils ne soient écoutés ?
Joignez-vous bien plutôt à mes vœux[§] légitimes.
Dans toute leur noirceur retracez-moi ses crimes ;
Échauffez mes transports[1] trop lents, trop retenus.
Tous ses crimes encor ne vous sont pas connus :
1185 Sa fureur[§] contre vous se répand en injures :
Votre bouche, dit-il, est pleine d'impostures ;
Il soutient qu'Aricie a son cœur, a sa foi[§],
Qu'il aime.

PHÈDRE

Quoi, Seigneur !

THÉSÉE

Il l'a dit devant moi.
Mais je sais rejeter un frivole artifice[2].
1190 Espérons de Neptune une prompte justice.
Je vais moi-même encore au pied de ses autels
Le presser[§] d'accomplir ses serments immortels.

---

1 *Échauffez mes transports* : attisez ma colère.
2 *frivole artifice* : ruse, subterfuge inefficace.

SCÈNE 5 : Phèdre, *seule.*

Il sort. Quelle nouvelle a frappé mon oreille ?
Quel feu mal étouffé[1] dans mon cœur se réveille ?
1195 Quel coup de foudre, ô ciel ! et quel funeste avis[2] !
Je volais tout entière au secours de son fils ;
Et m'arrachant des bras d'Œnone épouvantée,
Je cédais au remords dont j'étais tourmentée.
Qui sait même où m'allait porter ce repentir ?
1200 Peut-être à m'accuser j'aurais pu consentir ;
Peut-être, si la voix ne m'eût été coupée,
L'affreuse[§] vérité me serait échappée.
Hippolyte est sensible, et ne sent rien pour moi !
Aricie a son cœur ! Aricie a sa foi[§] !
1205 Ah, dieux ! Lorsqu'à mes vœux[§] l'ingrat inexorable
S'armait d'un œil si fier[§], d'un front[§] si redoutable,
Je pensais qu'à l'amour son cœur toujours fermé
Fût contre tout mon sexe également armé[3].
Une autre cependant a fléchi son audace[§],
1210 Devant ses yeux cruels une autre a trouvé grâce.
Peut-être a-t-il un cœur facile à s'attendrir.
Je suis le seul objet[§] qu'il ne saurait souffrir[§] ;
Et je me chargerais du soin[§] de le défendre ?

---

1 *feu mal étouffé* : l'amour qu'Hippolyte et Aricie se portent et qu'ils n'ont pas su cacher.

2 *funeste avis* : nouvelle aussi pénible que la mort.

3 *contre tout mon sexe également armé* : sur la défensive avec toutes les femmes.

SCÈNE 6 : Phèdre, Œnone

Phèdre

Chère Œnone, sais-tu ce que je viens d'apprendre ?

Œnone

1215 Non ; mais je viens tremblante, à ne vous point mentir.
J'ai pâli du dessein qui vous a fait sortir ;
J'ai craint une fureur[§] à vous-même fatale.

Phèdre

Œnone, qui l'eût cru ? j'avais une rivale.

Œnone

Comment ?

Phèdre

Hippolyte aime, et je n'en puis douter.
1220 Ce farouche ennemi qu'on ne pouvait dompter,
Qu'offensait le respect, qu'importunait la plainte[1],
Ce tigre, que jamais je n'abordai sans crainte,
Soumis, apprivoisé, reconnaît un vainqueur :
Aricie a trouvé le chemin de son cœur.

Œnone

1225 Aricie ?

Phèdre

Ah ! douleur non encore éprouvée !
À quel nouveau tourment je me suis réservée !
Tout ce que j'ai souffert[§], mes craintes, mes transports[§],
La fureur[§] de mes feux[§], l'horreur de mes remords,
Et d'un refus cruel l'insupportable injure
1230 N'était qu'un faible essai[2] du tourment que j'endure.

---

1 *Qu'offensait le respect, qu'importunait la plainte* : que le respect (l'amour) offensait,
que les lamentations (d'une amoureuse) importunaient.

2 *essai* : aperçu, avant-goût.

Ils s'aiment ! Par quel charme§ ont-ils trompé mes yeux ?
Comment se sont-ils vus ? Depuis quand ? Dans quels lieux ?
Tu le savais. Pourquoi me laissais-tu séduire^1 ?
De leur furtive ardeur§ ne pouvais-tu m'instruire ?
1235 Les a-t-on vus souvent se parler, se chercher ?
Dans le fond des forêts allaient-ils se cacher ?
Hélas ! ils se voyaient avec pleine licence^2.
Le ciel§ de leurs soupirs approuvait l'innocence ;
Ils suivaient sans remords leur penchant amoureux,
1240 Tous les jours se levaient clairs et sereins pour eux.
Et moi, triste§ rebut de la nature entière,
Je me cachais au jour, je fuyais la lumière§.
La mort est le seul dieu que j'osais implorer.
J'attendais le moment où j'allais expirer ;
1245 Me nourrissant de fiel, de larmes abreuvée,
Encor dans mon malheur de trop près observée,
Je n'osais dans mes pleurs me noyer à loisir ;
Je goûtais en tremblant ce funeste§ plaisir,
Et sous un front§ serein déguisant mes alarmes§,
1250 Il fallait bien souvent me priver de mes larmes.

ŒNONE

Quel fruit§ recevront-ils de leurs vaines amours ?
Ils ne se verront plus.

PHÈDRE

        Ils s'aimeront toujours.
Au moment que^3 je parle, ah ! mortelle pensée !
Ils bravent la fureur§ d'une amante§ insensée.
1255 Malgré ce même exil qui va les écarter^4,
Ils font mille serments de ne se point quitter.

---

1 *séduire* : être dans l'erreur.
2 *avec pleine licence* : en toute liberté.
3 *que* : où.
4 *qui va les écarter* : qui va les éloigner l'un de l'autre.

Non, je ne puis souffrir[§] un bonheur qui m'outrage[§],
Œnone. Prends pitié de ma jalouse rage.
Il faut perdre[1] Aricie. Il faut de mon époux
1260 Contre un sang[§] odieux réveiller le courroux.
Qu'il ne se borne[§] pas à des peines légères :
Le crime de la sœur passe[2] celui des frères[§].
Dans mes jaloux transports[3] je le veux implorer.
Que fais-je ? Où ma raison[§] se va-t-elle égarer ?
1265 Moi jalouse ! Et Thésée est celui que j'implore !
Mon époux est vivant, et moi je brûle[§] encore !
Pour qui ? Quel est le cœur où prétendent mes vœux[§] ?
Chaque mot sur mon front[§] fait dresser mes cheveux.
Mes crimes désormais ont comblé la mesure.
1270 Je respire[4] à la fois l'inceste et l'imposture.
Mes homicides mains, promptes à me venger,
Dans le sang innocent brûlent de se plonger[5].
Misérable ! et je vis ? et je soutiens la vue
De ce sacré soleil[6] dont je suis descendue ?
1275 J'ai pour aïeul[§] le père et le maître des dieux[7],
Le ciel[§], tout l'univers est plein de mes aïeux[§].
Où me cacher ? Fuyons dans la nuit infernale[8].
Mais que dis-je ? mon père y tient l'urne fatale[§],
Le sort, dit-on, l'a mise en ses sévères mains :
1280 Minos juge aux enfers tous les pâles humains[9].

---

1 *perdre* : faire périr, tuer.

2 *passe* : dépasse.

3 *jaloux transports* : colère, fureur causée par la jalousie.

4 *Je respire* : je suis l'incarnation de, ou je répands autour de moi.

5 *Mes homicides mains [...] brûlent de se plonger* : j'éprouve un vif désir de plonger mes mains dans leur sang, même s'ils sont innocents. (Phèdre se sent capable de tuer.)

6 *soleil* : domaine du dieu Hélios (voir la note au v. 172).

7 *le père et le maître des dieux* : Jupiter.

8 *la nuit infernale* : la mort qui conduit aux Enfers.

9 Après sa mort, Minos a reçu comme tâche, aux Enfers, de tirer d'une urne le sort des âmes («pâles humains»).

Ah ! combien frémira son ombre épouvantée,
Lorsqu'il verra sa fille à ses yeux présentée,
Contrainte d'avouer tant de forfaits divers,
Et des crimes peut-être inconnus aux enfers !
1285 Que diras-tu, mon père, à ce spectacle horrible ?
Je crois voir de ta main tomber l'urne terrible[§] ;
Je crois te voir, cherchant un supplice nouveau,
Toi-même de ton sang[§] devenir le bourreau.
Pardonne. Un dieu cruel a perdu ta famille :
1290 Reconnais sa vengeance aux fureurs[§] de ta fille.
Hélas ! du crime affreux[§] dont la honte me suit
Jamais mon triste[§] cœur n'a recueilli le fruit[§].
Jusqu'au dernier soupir de malheurs poursuivie,
Je rends dans les tourments une pénible vie.

ŒNONE

1295 Hé ! repoussez, Madame, une injuste[§] terreur[§].
Regardez d'un autre œil une excusable erreur.
Vous aimez. On ne peut vaincre sa destinée.
Par un charme[§] fatal[§] vous fûtes entraînée.
Est-ce donc un prodige inouï parmi nous ?
1300 L'amour n'a-t-il encor triomphé que de vous ?
La faiblesse aux humains n'est que trop naturelle.
Mortelle, subissez le sort d'une mortelle.
Vous vous plaignez d'un joug[§] imposé dès[1] longtemps :
Les dieux mêmes, les dieux, de l'Olympe habitants,
1305 Qui d'un bruit si terrible épouvantent les crimes[2],
Ont brûlé[§] quelquefois de feux[§] illégitimes.

---

1 *dès* : depuis.
2 *Qui d'un bruit si terrible épouvantent les crimes* : qui par leurs châtiments (ici, la foudre) inspirent aux criminels une grande crainte.

PHÈDRE

Qu'entends-je ! Quels conseils ose-t-on me donner ?
Ainsi donc jusqu'au bout tu veux m'empoisonner[1],
Malheureuse ? Voilà comme tu m'as perdue.
1310　Au jour que je fuyais c'est toi qui m'as rendue.
Tes prières m'ont fait oublier mon devoir.
J'évitais Hippolyte, et tu me l'as fait voir.
De quoi te chargeais-tu ? Pourquoi ta bouche impie[2]
A-t-elle, en l'accusant, osé noircir sa vie ?
1315　Il en mourra peut-être, et d'un père insensé
Le sacrilège vœu[3] peut-être est exaucé.
Je ne t'écoute plus. Va-t-en, monstre exécrable :
Va, laisse-moi le soin§ de mon sort déplorable§.
Puisse le juste ciel§ dignement te payer !
1320　Et puisse ton supplice à jamais effrayer
Tous ceux qui comme toi, par de lâches adresses[4],
Des princes malheureux nourrissent les faiblesses,
Les poussent au penchant où leur cœur est enclin,
Et leur osent du crime aplanir le chemin,
1325　Détestables§ flatteurs, présent le plus funeste§
Que puisse faire aux rois la colère céleste !

ŒNONE, *seule.*

Ah, dieux ! pour la servir j'ai tout fait, tout quitté ;
Et j'en reçois ce prix ? Je l'ai bien mérité.

1　*tu veux m'empoisonner* : sous-entendu, l'existence. On peut en outre y déceler un
　　indice du sort final de Phèdre.
2　*bouche impie* : qui profère des mensonges, qui offense ce qui est sacré par des
　　paroles mensongères.
3　*sacrilège vœu* : souhait contre ce qui est sacré, c'est-à-dire la paternité.
4　*adresses* : ruses, tromperies.

ACTE V

SCÈNE 1 : Hippolyte, Aricie

Aricie

Quoi ! vous pouvez vous taire en ce péril extrême ?
1330 Vous laissez dans l'erreur un père qui vous aime ?
Cruel, si de mes pleurs méprisant le pouvoir,
Vous consentez sans peine à ne me plus revoir,
Partez, séparez-vous de la triste§ Aricie ;
Mais du moins en partant assurez votre vie[1].
1335 Défendez votre honneur d'un reproche honteux,
Et forcez votre père à révoquer ses vœux[2].
Il en est temps encor. Pourquoi, par quel caprice,
Laissez-vous le champ libre à votre accusatrice ?
Éclaircissez[3] Thésée.

Hippolyte

Hé ! que n'ai-je point dit ?
1340 Ai-je dû mettre au jour[4] l'opprobre§ de son lit ?
Devais-je, en lui faisant un récit trop sincère,
D'une indigne rougeur couvrir le front§ d'un père ?
Vous seule avez percé ce mystère odieux.
Mon cœur pour s'épancher n'a que vous et les dieux.
1345 Je n'ai pu vous cacher, jugez si je vous aime,
Tout ce que je voulais me cacher à moi-même.
Mais songez sous quel sceau[5] je vous l'ai révélé.
Oubliez, s'il se peut, que je vous ai parlé,

---

1 *assurez votre vie* : mettez votre vie en sécurité, gardez la vie sauve.
2 *révoquer ses vœux* : annuler son souhait.
3 *Éclaircissez* : éclairez, informez.
4 *Ai-je dû mettre au jour* : aurais-je dû révéler, divulguer.
5 Le sceau du secret : Hippolyte enjoint Aricie de ne révéler à personne le secret qu'il vient de lui confier.

Madame ; et que jamais une bouche si pure
1350 Ne s'ouvre pour conter cette horrible aventure.
Sur l'équité des dieux osons nous confier[1] :
Ils ont trop d'intérêt à me justifier ;
Et Phèdre, tôt ou tard de son crime punie,
N'en saurait éviter la juste ignominie[2].
1355 C'est l'unique respect que j'exige de vous.
Je permets tout le reste à mon libre courroux.
Sortez de l'esclavage où vous êtes réduite ;
Osez me suivre, osez accompagner ma fuite ;
Arrachez-vous d'un lieu funeste[§] et profané[§],
1360 Où la vertu[§] respire un air empoisonné ;
Profitez, pour cacher votre prompte retraite[3],
De la confusion que ma disgrâce y jette.
Je vous puis de la fuite assurer les moyens.
Vous n'avez jusqu'ici de gardes que les miens ;
1365 De puissants défenseurs prendront notre querelle[4],
Argos nous tend les bras, et Sparte[5] nous appelle :
À nos amis communs portons nos justes cris[6] ;
Ne souffrons[§] pas que Phèdre, assemblant nos débris[7],
Du trône paternel nous chasse l'un et l'autre,
1370 Et promette à son fils ma dépouille et la vôtre.
L'occasion est belle, il la faut embrasser[8].
Quelle peur vous retient ? Vous semblez balancer[9] ?
Votre seul intérêt m'inspire cette audace.
Quand je suis tout de feu[§], d'où vous vient cette glace ?
1375 Sur les pas d'un banni craignez-vous de marcher ?

---

1 *Sur l'équité des dieux osons nous confier* : fions-nous au sens de la justice des dieux.

2 *la juste ignominie* : le déshonneur qu'elle mérite.

3 *prompte retraite* : départ précipité, immédiat.

4 *prendront notre querelle* : prendront parti pour nous.

5 *Argos* et *Sparte* : villes situées non loin de Trézène, réputées rivales d'Athènes.

6 *justes cris* : récriminations, plaintes légitimes.

7 *nos débris* : ce qui reste de notre fortune, de nos ressources.

8 *embrasser* : saisir.

9 *balancer* : hésiter.

ARICIE

Hélas ! qu'un tel exil, Seigneur, me serait cher !
Dans quels ravissements[1], à votre sort liée,
Du reste des mortels je vivrais oubliée !
Mais n'étant point unis par un lien si doux[2],
1380 Me puis-je avec honneur dérober avec vous ?
Je sais que sans blesser l'honneur le plus sévère,
Je me puis affranchir§ des mains de votre père :
Ce n'est point m'arracher du sein de mes parents ;
Et la fuite est permise à qui fuit ses tyrans.
1385 Mais vous m'aimez, Seigneur ; et ma gloire alarmée[3]…

HIPPOLYTE

Non, non, j'ai trop de soin§ de votre renommée.
Un plus noble dessein m'amène devant vous :
Fuyez vos ennemis, et suivez votre époux.
Libres dans nos malheurs, puisque le ciel§ l'ordonne,
1390 Le don de notre foi§ ne dépend de personne[4].
L'hymen n'est point toujours entouré de flambeaux[5].
Aux portes de Trézène, et parmi ces tombeaux,
Des princes de ma race§ antiques sépultures,
Est un temple sacré formidable[6] aux parjures.
1395 C'est là que les mortels n'osent jurer en vain :
Le perfide§ y reçoit un châtiment soudain ;
Et craignant d'y trouver la mort inévitable,
Le mensonge n'a point de frein plus redoutable.
Là, si vous m'en croyez, d'un amour éternel
1400 Nous irons confirmer le serment solennel ;

---

1   *ravissements* : enchantement, ivresse. On peut aussi y voir un jeu de mots,
    car «ravissement» signifie aussi «enlèvement», «rapt».
2   *lien si doux* : lien du mariage.
3   *et ma gloire alarmée* : je crains pour ma réputation.
4   Les parents d'Aricie sont morts et, puisqu'il a été banni, Hippolyte n'a plus
    vraiment de père ; ils sont donc libres de se donner en mariage l'un à l'autre.
5   *L'hymen n'est point toujours entouré de flambeaux* : le mariage n'est pas
    toujours célébré en pleine lumière, à la vue et au su de tous.
6   *formidable* : qui inspire la crainte.

ARICIE (Anne Bédard)
Je me puis affranchir des mains de votre père :
Ce n'est point m'arracher du sein de mes parents ;
Et la fuite est permise à qui fuit ses tyrans.
Mais vous m'aimez, Seigneur ; et ma gloire alarmée…

HIPPOLYTE (Denis Bernard)
Non, non, j'ai trop de soin de votre renommée.
Un plus noble dessein m'amène devant vous :
Fuyez vos ennemis, et suivez votre époux.
ACTE V, SCÈNE 1, vers 1382 à 1388.

THÉÂTRE DU NOUVEAU MONDE, 1988.
Mise en scène d'Olivier Reichenbach.

Nous prendrons à témoin le dieu qu'on y révère ;
Nous le prierons tous deux de nous servir de père.
Des dieux les plus sacrés j'attesterai le nom[1].
Et la chaste Diane, et l'auguste Junon[2],
1405   Et tous les dieux enfin, témoins de mes tendresses,
Garantiront la foi[3] de mes saintes promesses.

ARICIE

Le roi vient. Fuyez, Prince, et partez promptement.
Pour cacher mon départ je demeure un moment.
Allez ; et laissez-moi quelque fidèle guide,
1410   Qui conduise vers vous ma démarche timide.

SCÈNE 2 : THÉSÉE, ARICIE, ISMÈNE

THÉSÉE

Dieux, éclairez mon trouble[§], et daignez à mes yeux
Montrer la vérité, que je cherche en ces lieux.

ARICIE

Songe à tout, chère Ismène, et sois prête à la fuite.

SCÈNE 3 : THÉSÉE, ARICIE

THÉSÉE

Vous changez de couleur, et semblez interdite,
1415   Madame ! Que faisait Hippolyte en ce lieu ?

---

1 *attesterai le nom* : prendrai à témoin, invoquerai le témoignage.
2 Diane, déesse de la Lune et de la chasse ; Junon, épouse de Jupiter, déesse protectrice du mariage et de la féminité. Le mariage sera donc célébré de nuit et sous la
   protection des plus puissantes déesses de l'Olympe, ce qui donne de la crédibilité
   à la requête d'Hippolyte (« Garantiront la foi de mes saintes promesses »).
3 *la foi* : l'engagement, le serment.

ARICIE

Seigneur, il me disait un éternel adieu.

THÉSÉE

Vos yeux ont su dompter ce rebelle courage§,
Et ses premiers soupirs sont votre heureux ouvrage.

ARICIE

Seigneur, je ne vous puis nier la vérité :
1420 De votre injuste§ haine il n'a pas hérité ;
Il ne me traitait point comme une criminelle.

THÉSÉE

J'entends§ : il vous jurait une amour éternelle[1].
Ne vous assurez[2] point sur ce cœur inconstant ;
Car à d'autres que vous il en jurait autant.

ARICIE

1425 Lui, Seigneur ?

THÉSÉE

Vous deviez le rendre moins volage :
Comment souffriez§-vous cet horrible partage ?

ARICIE

Et comment souffrez-vous que d'horribles discours
D'une si belle vie osent noircir le cours ?
Avez-vous de son cœur si peu de connaissance ?
1430 Discernez-vous si mal le crime et l'innocence ?
Faut-il qu'à vos yeux seuls un nuage odieux
Dérobe sa vertu§ qui brille à tous les yeux ?
Ah ! c'est trop le livrer à des langues perfides§.
Cessez : repentez-vous de vos vœux§ homicides§ ;

---

1 Racine a, jusqu'à présent, employé le mot «amour» au masculin singulier. Dans
   la langue moderne, ce mot ne peut être que masculin singulier ou féminin
   pluriel. (Voir aussi v. 1473.)
2 *assurez* : appuyez.

1435 Craignez, Seigneur, craignez que le ciel§ rigoureux
Ne vous haïsse assez pour exaucer vos vœux§.
Souvent dans sa colère il reçoit nos victimes ;
Ses présents sont souvent la peine de nos crimes[1].

THÉSÉE
Non, vous voulez en vain couvrir son attentat[2] :
1440 Votre amour vous aveugle en faveur de l'ingrat.
Mais j'en crois des témoins certains, irréprochables :
J'ai vu, j'ai vu couler des larmes véritables.

ARICIE
Prenez garde, Seigneur. Vos invincibles mains
Ont de monstres sans nombre affranchi§ les humains ;
1445 Mais tout n'est pas détruit, et vous en laissez vivre
Un[3]… Votre fils, Seigneur, me défend de poursuivre.
Instruite du respect qu'il veut vous conserver,
Je l'affligerais[4] trop si j'osais achever.
J'imite sa pudeur§, et fuis votre présence
1450 Pour n'être pas forcée à rompre le silence.

SCÈNE 4 : THÉSÉE, *seul.*

Quelle est donc sa pensée ? et que cache un discours
Commencé tant de fois, interrompu toujours ?
Veulent-ils m'éblouir[5] par une feinte vaine ?
Sont-ils d'accord tous deux pour me mettre à la gêne[6] ?

---

1 *il reçoit nos victimes ; / Ses présents sont souvent la peine de nos crimes* : les dieux acceptent de punir les victimes que nous leur désignons ; mais ses présents («exaucer [n]os vœux») sont souvent le prix à payer pour nos crimes.

2 *couvrir son attentat* : dissimuler son crime.

3 *Un* : un monstre, c'est-à-dire Phèdre. Aricie fait référence aux monstres abattus par Thésée, mais on se rappellera que Phèdre a aussi utilisé le mot «monstre» pour se désigner elle-même (voir v. 701-703).

4 *Je l'affligerais* : je le peinerais, lui causerais du chagrin.

5 *éblouir* : aveugler, tromper.

6 *mettre à la gêne* : imposer une torture, un supplice (au sens figuré).

1455 Mais moi-même, malgré ma sévère rigueur,
      Quelle plaintive voix crie au fond de mon cœur ?
      Une pitié secrète et m'afflige[§] et m'étonne.
      Une seconde fois interrogeons Œnone.
      Je veux de tout le crime être mieux éclairci[1].
1460 Gardes, qu'Œnone sorte, et vienne seule ici.

SCÈNE 5 : Thésée, Panope

Panope

J'ignore le projet que la reine médite,
Seigneur, mais je crains tout du transport qui l'agite[2].
Un mortel désespoir sur son visage est peint ;
La pâleur de la mort est déjà sur son teint.
1465 Déjà, de sa présence avec honte chassée,
Dans la profonde mer Œnone s'est lancée.
On ne sait point d'où part ce dessein furieux[3] ;
Et les flots pour jamais l'ont ravie à nos yeux.

Thésée

Qu'entends-je ?

Panope

                Son trépas n'a point calmé la reine :
1470 Le trouble[§] semble croître en son âme incertaine.
Quelquefois, pour flatter[4] ses secrètes douleurs,
Elle prend ses enfants et les baigne de pleurs ;
Et soudain, renonçant à l'amour maternelle,
Sa main avec horreur les repousse loin d'elle.
1475 Elle porte au hasard ses pas irrésolus ;
Son œil tout égaré ne nous reconnaît plus.

---

1 *éclairci* : voir la note au v. 1339.
2 *transport qui l'agite* : désespoir qui la tourmente.
3 *dessein furieux* : projet délirant, folle décision.
4 *flatter* : apaiser.

Elle a trois fois écrit ; et changeant de pensée,
Trois fois elle a rompu[1] sa lettre commencée.
Daignez la voir, Seigneur ; daignez la secourir.

THÉSÉE

1480 Ô ciel ! Œnone est morte, et Phèdre veut mourir ?
Qu'on rappelle mon fils, qu'il vienne se défendre !
Qu'il vienne me parler, je suis prêt de[2] l'entendre.
Ne précipite point tes funestes[§] bienfaits,
Neptune ; j'aime mieux n'être exaucé jamais.
1485 J'ai peut-être trop cru des témoins peu fidèles[3],
Et j'ai trop tôt vers toi levé mes mains cruelles.
Ah ! de quel désespoir mes vœux[§] seraient suivis !

SCÈNE 6 : THÉSÉE, THÉRAMÈNE

THÉSÉE

Théramène, est-ce toi ? Qu'as-tu fait de mon fils ?
Je te l'ai confié dès l'âge le plus tendre.
1490 Mais d'où naissent les pleurs que je te vois répandre ?
Que fait mon fils ?

THÉRAMÈNE

Ô soins[§] tardifs et superflus !
Inutile tendresse ! Hippolyte n'est plus[4].

THÉSÉE

Dieux !

---

1 *rompu* : déchiré ou interrompu.
2 *prêt de* : prêt à, disposé à.
3 *peu fidèles* : à qui l'on ne peut se fier, qui ne rapportent pas la vérité fidèlement.
4 Litote : «Hippolyte n'est plus» pour Hippolyte est mort.

© Yves Renaud.

THÉSÉE (Gérard Poirier)
Mais d'où naissent les pleurs que je te vois répandre ?
Que fait mon fils ?

THÉRAMÈNE (Pascal Rollin)
    Ô soins tardifs et superflus !
Inutile tendresse ! Hippolyte n'est plus.

THÉSÉE
Dieux !
ACTE V, SCÈNE 6, vers 1490 à 1493.

THÉÂTRE DU NOUVEAU MONDE, 1988.
Mise en scène d'Olivier Reichenbach.

THÉRAMÈNE

J'ai vu des mortels périr le plus aimable[1],
Et j'ose dire encor, Seigneur, le moins coupable.

THÉSÉE

1495 Mon fils n'est plus ? Hé quoi ? quand je lui tends les bras,
Les dieux impatients ont hâté son trépas ?
Quel coup me l'a ravi ? quelle foudre soudaine ?

THÉRAMÈNE

À peine nous sortions des portes de Trézène,
Il était sur son char ; ses gardes affligés§
1500 Imitaient son silence, autour de lui rangés ;
Il suivait tout pensif le chemin de Mycènes[2] ;
Sa main sur ses chevaux laissait flotter les rênes.
Ses superbes§ coursiers, qu'on voyait autrefois
Pleins d'une ardeur si noble obéir à sa voix,
1505 L'œil morne maintenant et la tête baissée,
Semblaient se conformer à sa triste§ pensée.
Un effroyable cri, sorti du fond des flots,
Des airs en ce moment a troublé§ le repos ;
Et du sein de la terre une voix formidable§
1510 Répond en gémissant à ce cri redoutable.
Jusqu'au fond de nos cœurs notre sang s'est glacé ;
Des coursiers attentifs le crin s'est hérissé.
Cependant[3] sur le dos de la plaine liquide
S'élève à gros bouillons une montagne humide ;
1515 L'onde[4] approche, se brise, et vomit à nos yeux,
Parmi des flots d'écume, un monstre furieux.
Son front§ large est armé de cornes menaçantes ;

---

1 *aimable* : voir la note au v. 53.
2 La ville de Mycènes, non loin de Trézène, se trouve en direction d'Argos et de Sparte, où Hippolyte se dirigeait (voir v. 1366).
3 *Cependant* : pendant ce temps-là.
4 *L'onde* : la vague.

Tout son corps est couvert d'écailles jaunissantes ;
Indomptable taureau, dragon impétueux[1],
1520 Sa croupe se recourbe en replis tortueux.
Ses longs mugissements font trembler le rivage.
Le ciel avec horreur voit ce monstre sauvage ;
La terre s'en émeut[2], l'air en est infecté ;
Le flot, qui l'apporta, recule épouvanté.
1525 Tout[3] fuit ; et sans s'armer d'un courage inutile,
Dans le temple voisin chacun cherche un asile.
Hippolyte lui seul, digne fils d'un héros,
Arrête ses coursiers, saisit ses javelots,
Pousse au monstre[4], et d'un dard[5] lancé d'une main sûre,
1530 Il lui fait dans le flanc une large blessure.
De rage et de douleur le monstre bondissant
Vient aux pieds des chevaux tomber en mugissant,
Se roule, et leur présente une gueule enflammée,
Qui les couvre de feu, de sang et de fumée.
1535 La frayeur les emporte ; et sourds à cette fois[6],
Ils ne connaissent plus ni le frein ni la voix.
En efforts impuissants leur maître se consume[7],
Ils rougissent le mors d'une sanglante écume.
On dit qu'on a vu même, en ce désordre affreux[§],
1540 Un dieu qui d'aiguillons pressait[§] leur flanc poudreux[8].

---

1 Allusion à la légende du Minotaure : pour prouver ses prétentions au trône de la
  Crête, Minos a imploré Neptune de faire sortir un taureau de la mer. Son vœu
  réalisé, il devait donner l'animal en sacrifice aux dieux, ce qu'il refusa de faire en
  raison de la beauté de l'animal. Les dieux se vengèrent en faisant tomber Pasiphaé,
  son épouse, amoureuse de l'animal. C'est de leur union qu'est né le Minotaure. Ici
  aussi, c'est le dieu Neptune qui envoie ce monstre mi-taureau, mi-dragon.
2 *s'en émeut* : en est agitée, ébranlée, en tremble.
3 *Tout* : chacun.
4 *Pousse au monstre* : court, s'élance vers le monstre.
5 *dard* : arme de jet, javelot ou flèche.
6 *à cette fois* : à cette heure, à ce moment.
7 *se consume* : s'épuise.
8 *poudreux* : couvert de poussière.

À travers des rochers la peur les précipite ;
L'essieu crie et se rompt. L'intrépide Hippolyte
Voit voler en éclats tout son char fracassé ;
Dans les rênes lui-même il tombe embarrassé[1].
1545 Excusez ma douleur. Cette image cruelle
Sera pour moi de pleurs une source éternelle.
J'ai vu, Seigneur, j'ai vu votre malheureux fils
Traîné par les chevaux que sa main a nourris.
Il veut les rappeler, et sa voix les effraie ;
1550 Ils courent. Tout son corps n'est bientôt qu'une plaie.
De nos cris douloureux la plaine retentit.
Leur fougue impétueuse enfin se ralentit :
Ils s'arrêtent, non loin de ces tombeaux antiques
Où des rois ses aïeux§ sont les froides reliques.
1555 J'y cours en soupirant[2], et sa garde me suit.
De son généreux§ sang la trace nous conduit :
Les rochers en sont teints ; les ronces dégouttantes[3]
Portent de ses cheveux les dépouilles sanglantes.
J'arrive, je l'appelle ; et me tendant la main,
1560 Il ouvre un œil mourant, qu'il referme soudain.
«Le ciel§, dit-il, m'arrache une innocente vie.
Prends soin après ma mort de la triste§ Aricie.
Cher ami, si mon père un jour désabusé§
Plaint le malheur d'un fils faussement accusé,
1565 Pour apaiser mon sang et mon ombre plaintive,
Dis-lui qu'avec douceur il traite sa captive ;
Qu'il lui rende…» À ce mot, ce héros expiré[4]
N'a laissé dans mes bras qu'un corps défiguré,
Triste§ objet§, où des dieux triomphe la colère,
1570 Et que méconnaîtrait l'œil même de son père.

---

1 *embarrassé* : empêtré.
2 *en soupirant* : en geignant, en me plaignant.
3 *dégouttantes* : avec deux « t », du verbe « dégoutter » : qui coulent goutte à goutte (du sang d'Hippolyte).
4 *expiré* : décédé.

THÉSÉE

Ô mon fils ! cher espoir que je me suis ravi !
Inexorables dieux, qui m'avez trop servi !
À quels mortels regrets ma vie est réservée !

THÉRAMÈNE

La timide Aricie est alors arrivée.
1575 Elle venait, Seigneur, fuyant votre courroux,
À la face des dieux l'accepter pour époux.
Elle approche : elle voit l'herbe rouge et fumante ;
Elle voit (quel objet[§] pour les yeux d'une amante[§] !)
Hippolyte étendu, sans forme et sans couleur.
1580 Elle veut quelque temps douter de son malheur ;
Et ne connaissant plus ce héros qu'elle adore,
Elle voit Hippolyte et le demande encore[1].
Mais trop sûre à la fin qu'il est devant ses yeux,
Par un triste[§] regard elle accuse les dieux ;
1585 Et froide, gémissante, et presque inanimée,
Aux pieds de son amant[§] elle tombe pâmée.
Ismène est auprès d'elle ; Ismène, tout en pleurs,
La rappelle à la vie, ou plutôt aux douleurs.
Et moi, je suis venu, détestant la lumière[§],
1590 Vous dire d'un héros la volonté dernière,
Et m'acquitter, Seigneur, du malheureux emploi
Dont son cœur expirant s'est reposé sur moi[2].
Mais j'aperçois venir sa mortelle ennemie.

---

1 Elle ne reconnaît pas Hippolyte, ne distingue pas ses traits dans cet amas de
   chairs. Elle croit l'apercevoir ailleurs et lui demande de venir près d'elle.
2 *du malheureux emploi / Dont son cœur expirant s'est reposé sur moi* : du pénible
   devoir dont il m'a chargé en mourant.

SCÈNE 7 : THÉSÉE, PHÈDRE, THÉRAMÈNE, PANOPE, GARDES

THÉSÉE

Hé bien ! vous triomphez, et mon fils est sans vie.
1595 Ah ! que j'ai lieu de[1] craindre ! et qu'un cruel soupçon,
L'excusant dans mon cœur, m'alarme§ avec raison !
Mais, Madame, il est mort, prenez votre victime :
Jouissez de sa perte, injuste§ ou légitime.
Je consens que mes yeux soient toujours abusés§.
1600 Je le crois criminel, puisque vous l'accusez.
Son trépas à mes pleurs offre assez de matières,
Sans que j'aille chercher d'odieuses lumières[2],
Qui ne pouvant le rendre à ma juste§ douleur,
Peut-être ne feraient qu'accroître mon malheur.
1605 Laissez-moi, loin de vous et loin de ce rivage,
De mon fils déchiré fuir la sanglante image.
Confus, persécuté d'un[3] mortel souvenir,
De l'univers entier je voudrais me bannir.
Tout semble s'élever contre mon injustice.
1610 L'éclat de mon nom même augmente mon supplice.
Moins connu des mortels, je me cacherais mieux.
Je hais jusques au soin[4] dont m'honorent les dieux ;
Et je m'en vais pleurer leurs faveurs meurtrières,
Sans plus les fatiguer d'inutiles prières.
1615 Quoi qu'ils fissent pour moi, leur funeste§ bonté
Ne me saurait payer de ce qu'ils m'ont ôté[5].

---

1 *j'ai lieu de* : j'ai raison de.
2 *odieuses lumières* : explications insupportables.
3 *d'un* : par un.
4 *soin* : ici, prévenance, attention, sollicitude.
5 *Ne me saurait payer de ce qu'ils m'ont ôté* : ne saurait me dédommager de sa mort.

PHÈDRE

Non, Thésée, il faut rompre un injuste[§] silence :
Il faut à votre fils rendre son innocence.
Il n'était point coupable.

THÉSÉE

Ah ! père infortuné !
1620 Et c'est sur votre foi[1] que je l'ai condamné !
Cruelle, pensez-vous être assez excusée…

PHÈDRE

Les moments me sont chers[2], écoutez-moi, Thésée.
C'est moi qui sur ce fils chaste et respectueux
Osai jeter un œil profane[§], incestueux.
1625 Le ciel mit dans mon sein une flamme funeste[3] ;
La détestable[§] Œnone a conduit tout le reste.
Elle a craint qu'Hippolyte, instruit de ma fureur[§],
Ne découvrît[4] un feu[§] qui lui faisait horreur.
La perfide[§], abusant[§] de ma faiblesse extrême,
1630 S'est hâtée à vos yeux de l'accuser lui-même.
Elle s'en est punie, et fuyant mon courroux,
A cherché dans les flots un supplice trop doux.
Le fer[§] aurait déjà tranché ma destinée ;
Mais je laissais gémir la vertu[§] soupçonnée[5].
1635 J'ai voulu, devant vous exposant mes remords,
Par un chemin plus lent descendre chez les morts.
J'ai pris, j'ai fait couler dans mes brûlantes veines
Un poison que Médée[6] apporta dans Athènes.

---

1 *foi* : ici, témoignage.
2 *Les moments me sont chers* : chaque minute compte, car il lui reste peu de temps à vivre.
3 *Le ciel mit dans mon sein une flamme funeste* : les dieux allumèrent dans mon cœur une tragique passion amoureuse.
4 *découvrît* : révélât, dévoilât, divulguât.
5 *soupçonnée* : contre laquelle on avait des soupçons, dont on se méfiait.
6 *Médée* : magicienne cruelle (voir le glossaire des noms propres, à la page 207).

Déjà jusqu'à mon cœur le venin parvenu
1640 Dans ce cœur expirant jette un froid inconnu ;
Déjà je ne vois plus qu'à travers un nuage
Et le ciel et l'époux que ma présence outrage§ ;
Et la mort, à mes yeux dérobant la clarté,
Rend au jour, qu'ils souillaient, toute sa pureté.

PANOPE

1645 Elle expire, Seigneur !

THÉSÉE

D'une action si noire
Que ne peut avec elle expirer la mémoire[1] !
Allons, de mon erreur, hélas ! trop éclaircis,
Mêler nos pleurs au sang de mon malheureux fils.
Allons de ce cher fils embrasser ce qui reste,
1650 Expier la fureur d'un vœu que je déteste[2].
Rendons-lui les honneurs qu'il a trop mérités ;
Et pour mieux apaiser ses mânes[3] irrités,
Que, malgré les complots d'une injuste famille[4],
Son amante§ aujourd'hui me tienne lieu de fille.

Racine

---

1 *expirer la mémoire* : effacer le souvenir.
2 *Expier la fureur d'un vœu que je déteste* : demander pardon pour avoir fait sous le coup de la colère un souhait que maintenant je maudis et qui me fait horreur.
3 *mânes* : âmes des morts (voir v. 378).
4 *les complots d'une injuste famille* : voir la note au v. 51.

Feu d'artifice donné en l'honneur de Louis XIV.

Louis XIV, le Roi-Soleil.

Présentation

de
L'œuvre

Gloire de Louis XIV.

Racine et son époque

LE XVIIᵉ SIÈCLE : RELIGION, ROYAUTÉ, LANGUE

La France de 1677, année de la première représentation de *Phèdre*, domine la scène européenne sur tous les plans. Pays le plus populeux d'Europe, elle est vraiment devenue, comme l'a si bien dit Joachim du Bellay, la «mère des arts, des armes et des lois». Louis XIV, le Roi-Soleil, s'apprête à révoquer l'édit de Nantes[1], révocation qui, pense-t-il, unira la nation dans le catholicisme. Le roi exerce une domination absolue sur son pays, son peuple et sa noblesse. En 1678, s'amorcera la dernière phase des travaux à son superbe château de Versailles, où lui et sa cour vivront, dans un faste jusqu'alors inégalé, une splendide oisiveté qui permettra l'éclosion de tous les arts et de la pensée française. Sur le plan militaire et colonial, la France remportera des succès qui amèneront les autres puissances européennes à se liguer contre elle ; les guerres de Louis XIV finiront par ruiner l'État et par user la confiance du peuple, ce qui préparera la révolution de 1789 et permettra à l'Angleterre de s'imposer comme nouvelle puissance mondiale.

La question religieuse

Quand Henri IV, roi de 1589 à 1610, accède au trône de France, il hérite d'un royaume déchiré par les quelque trente ans des guerres de Religion. Les tensions viennent du fait que, au cours des années 1400 et 1500, des réformateurs religieux se sont fait entendre un peu partout en Europe : Luther en Allemagne et Calvin en France, par exemple, s'opposent au dogmatisme religieux imposé par l'Église catholique de

---

1 Arrêté royal de 1598 qui accorde une certaine liberté religieuse aux protestants (calvinistes) en France ; en 1685, Louis XIV le déclare nul (*révocation de l'édit de Nantes*). Le catholicisme devient la religion d'État, voire la seule permise sur le territoire français.

Rome. Le schisme anglican de 1534 en Angleterre, ennemie séculaire de la France, ne fut pas non plus sans influence sur le durcissement des positions dans les pays à dominance catholique comme la France. Des raisons politiques se superposent à une situation religieuse complexe, de sorte que les catholiques (regroupés dans la Ligue, ou Sainte Ligue) et les protestants (partisans de Calvin, on les appelle «calvinistes» ou, par mépris, «huguenots») s'affrontent violemment. Ces affrontements atteindront leur paroxysme lors du massacre de la Saint-Barthélemy (23 au 24 août 1572), où plus de 3 000 protestants périront à Paris en une seule nuit. Les massacres ne cesseront qu'avec l'arrivée au pouvoir d'un roi tolérant, mais disposant de suffisamment d'appuis pour imposer sa volonté de faire cesser cette inutile violence : Henri IV. Il est vrai que les partis adverses sont à bout de force, que le pays s'épuise en vaines querelles. Henri IV, élevé dans le protestantisme, acceptera de devenir catholique pour redonner la paix à son pays.

Aussi proclame-t-il en 1598 l'édit de Nantes, arrêté royal par lequel il entend mettre fin à la dévastation du pays par les factions rivales, catholiques et protestantes. Avant-gardiste pour son époque dans un pays resté assez farouche-ment catholique, cet édit accordait en fait la liberté religieuse ainsi qu'une certaine égalité des droits aux protes-tants, du moins dans un nombre de régions et de villes. Si les tensions semblent apaisées un temps, la question n'est pourtant pas réglée définitivement puisqu'un catholique assassinera le roi en 1610.

La morale et le classicisme

La religion marquera d'ailleurs les œuvres artistiques ainsi que le courant classique lui-même. Les œuvres de Racine, entre autres, présentent un point de vue éminem-ment moral, défendant non seulement le bon goût, les bienséances et l'autorité royale, mais également les valeurs morales chrétiennes, alors même qu'elles représentent des personnages de l'Antiquité.

Le projet moral de Racine dans *Phèdre* répond au souhait de Descartes dans son *Discours de la méthode*, ouvrage philosophique qui constitue l'un des fondements de la doctrine classique. Dans une partie de son *Discours* consacrée aux règles, obligations et valeurs, Descartes fait valoir la modération, idée clé de l'idéal de l'«honnête homme»; pour le philosophe, les excès sont mauvais : «[Je voulais], retenant constamment la religion en laquelle Dieu m'a fait la grâce d'être instruit dès mon enfance, me [gouverner] en toute chose suivant les opinions les plus modérées et les plus éloignées de l'excès. [...] Et entre plusieurs opinions également reçues, je ne choisissais que les plus modérées : tant à cause que ce sont toujours les plus commodes pour la pratique et vraisemblablement les meilleures, tout excès ayant coutume d'être mauvais.» De plus, si la morale varie selon les lieux et les époques, Descartes propose de suivre celle du pays où l'on vit.

La morale dans Phèdre

Dans *Phèdre*, Racine ne défend pas les valeurs de l'Antiquité, époque où les personnages ont vécu, mais celles de sa société; les tourments de Phèdre ne sont pas ceux d'une personne ayant vécu dans la Grèce du Ve siècle avant Jésus-Christ, mais bien ceux d'une femme vivant en France au XVIIe siècle et ayant été élevée dans le catholicisme. Racine avait un projet précis; dans sa «Préface» de *Phèdre* il explique comment il défend la vertu et condamne les excès (page 193), répondant en cela aux dévots, ennemis des représentations théâtrales. «[...] je n'en ai point fait [de tragédie] où la vertu soit plus mise en jour que dans celle-ci. Les moindres fautes y sont sévèrement punies; la seule pensée du crime y est regardée avec autant d'horreur que le crime même; les faiblesses de l'amour y passent pour de vraies faiblesses; les passions n'y sont présentées aux yeux que pour montrer tout le désordre dont elles sont cause; et le vice y est peint partout avec des couleurs qui en font connaître et haïr la difformité. [...] Il serait à souhaiter que nos ouvrages fussent aussi solides et aussi pleins d'utiles instructions que ceux de ces poètes [de l'Antiquité]. Ce serait peut-être un moyen de réconcilier la tragédie avec quantité de personnes célèbres par leur piété et par leur doctrine, qui l'ont condamnée dans ces derniers temps». En fait, les auteurs classiques ne pouvaient parler des travers humains que s'ils en traitaient comme des défauts, des faiblesses ou des vices à éviter, car ces comportements n'étaient pas jugés «bienséants».

L'autorité royale

Le règne de Louis XIII

Après l'assassinat d'Henri IV en 1610 par un catholique extrémiste, Ravaillac, le pouvoir royal évoluera vers la monarchie absolue, ou absolutisme: le roi ne répond de son pouvoir qu'à Dieu, exerce son autorité sans les limites d'un cadre légal, aucune loi ne pouvant être au-dessus du roi. Tous les régimes monarchiques ne sont pas aussi extrêmes. En Angleterre, par exemple, dès 1215, les nobles imposent au roi la Magna Carta, ou Grande Charte, qui garantit les droits seigneuriaux contre l'arbitraire de l'absolutisme et qui institue le conseil royal, ou Chambre des lords.

Rien de tel en France sous l'Ancien Régime. Le Dauphin, futur Louis XIII, roi de 1610 à 1643, n'a que neuf ans à la mort de son père en 1610. Sa mère, Marie de Médicis, assurera la régence jusqu'en 1617, et entrera même en guerre contre le jeune Louis XIII, lequel vaincra en 1620 les armées de sa mère alliées à celles de certains Grands du royaume. Plus tard, le jeune Louis XIV devra aussi affronter la noblesse et réglera à sa façon la question de sa souveraineté personnelle. Sous Louis XIII, l'arrivée du cardinal Richelieu comme ministre plénipotentiaire marque un tournant décisif : de 1624 à sa mort en 1642, il n'aura de cesse d'affermir le pouvoir du roi, de même que le prestige et la suprématie française en Europe.

Les querelles entre catholiques et protestants se poursuivent durant tout le règne de Louis XIII. Ainsi, Richelieu lance l'armée à l'assaut de La Rochelle, ville fortifiée acquise aux calvinistes depuis l'édit de Nantes, sous prétexte qu'elle entretient des contacts avec l'Angleterre, avec laquelle la France est en guerre. Le siège de la ville dure quinze mois puis, à la reddition, en 1628, les fortifications sont rasées, et les protestants perdent leurs privilèges militaires. Mais la politique de Richelieu est à tout le moins ambiguë, car il oppressera également les jansénistes. De plus, il n'hésitera pas à allier la France à des pays protestants en guerre contre des catholiques : en se lançant dans ce qui deviendra la guerre de Trente Ans (1618-1648), Richelieu maintient la division des États qui fera de la France la puissance européenne dominante.

Le règne de Louis XIV

En 1643, le royaume échoit au jeune Louis XIV, roi de 1643 à 1715, mais à cinq ans, il ne peut lui non plus véritablement exercer le pouvoir. Sa mère, Anne d'Autriche, assistée du cardinal Mazarin, verra aux affaires du royaume jusqu'en 1661, année de la mort du cardinal. Cette période fut troublée par la Fronde, révolte contre l'absolutisme royal, d'abord dirigée par des parlementaires, puis par d'importants groupes de nobles, parmi lesquels le prince de Condé, alliance qui blessera profondément le jeune roi. La victoire militaire de ce dernier sur la Fronde lui assurera le pouvoir absolu.

Louis XIV entend bien mettre un terme aux récriminations séculaires de la noblesse, car l'histoire lui apprend que plusieurs de ses prédécesseurs ont eu à affronter des mutineries plus ou moins ouvertes des aristocrates. Il croit qu'il vaut mieux avoir l'œil sur ces derniers, mais il tient à le faire de manière à ce qu'ils ne tentent plus de se révolter. En entreprenant en 1661 la construction du château de Versailles, Louis XIV entend créer une merveille architecturale qui témoignera de la grandeur de son règne certes, mais il compte bien aussi que, dans cette prison dorée, les nobles s'occuperont plus de sa gloire personnelle que de la leur. L'histoire atteste de sa réussite : jusqu'à la Révolution française (1789), l'aristocratie restera fidèle au roi, et l'on ne verra plus les Grands du royaume contester l'autorité royale.

L'emprise de Louis XIV sur les arts

L'année 1661 sert de référence quand on fixe le début du classicisme triomphant (1660-1680) dans le domaine littéraire et artistique. La mainmise du Roi-Soleil, surnom que se donnait Louis XIV pour traduire sa propre importance, dépasse largement le domaine politique. Comme dans de nombreuses cours européennes, le roi veille non seulement aux affaires économiques, politiques et militaires, mais aussi aux questions de goût, de mode, d'art, etc. Le roi affirme-t-il apprécier tel poète, tel architecte ou tel musicien ? Voilà l'artiste devenu populaire auprès de la noblesse, sa richesse assurée par sa popularité. Le roi porte tel article vestimentaire, ajoute tel pas à une danse, s'émeut pour telle œuvre ? La mode est lancée : chacun se vêt à sa façon, danse à sa manière, applaudit la même réussite artistique. De là à dire que le classicisme, c'est le roi, il n'y a qu'un pas. Reste que Louis XIV a accueilli et entretenu une foule de poètes, de dramaturges, d'historiens, de biographes, de peintres, de musiciens, d'architectes, de jardiniers, etc., dont le seul rôle était de le glorifier, de traduire dans leurs créations la grandeur de son règne.

Louis XIV voit d'un mauvais œil le mécénat privé. L'arrestation et la condamnation de Fouquet en 1661 en

Racine faisant la lecture à Louis XIV.

témoignent : pour un banquet trop fastueux à son château de Vaux-le-Vicomte, il est accusé de corruption, et les artistes qu'il protégeait (les écrivains La Fontaine et Molière, les peintres Poussin et Le Brun, entre autres) durent passer au service du roi ou trouver un autre protecteur. Le roi préfère établir un système de «pensions» qui lui attachera les artistes plutôt que de les laisser, dans les mains de riches mécènes, chanter la gloire de ceux-ci plutôt que la sienne. Jusqu'à la révolution de 1789, l'État français protégera et subventionnera les arts et les artistes qui plairont au roi et à la cour.

L'évocation du règne de Louis XIV dans Phèdre

Racine évoque certainement le règne du Roi-Soleil ainsi que les problèmes liés au pouvoir royal dans son œuvre. Lorsqu'Hippolyte affirme qu'«Athènes, par [s]on père accrue et protégée, / Reconnut avec joie un roi si généreux» (v. 498-499), c'est le roi de France qu'il encense. D'une part, les guerres de Louis XIV permettent l'acquisition de vastes territoires et leur annexion au royaume[1]. D'autre part, la politique expansionniste française s'étend hors du territoire européen ; on verra l'établissement de nombreuses colonies et l'ouverture de comptoirs commerciaux en Asie, en Afrique, dans les Amériques et les Antilles, etc. Ces colonies et comptoirs permettront à la France de jouir des richesses de ces territoires autrefois réservés aux seuls Espagnols et Portugais. En 1677 donc, tout semble réussir au roi, car la France est vraiment «accrue et protégée».

À plusieurs reprises, Racine évoque les problèmes liés à la succession du roi : Thésée mort, qui assurera la conduite de son royaume ? Certains penchent pour Phèdre et son fils ; Hippolyte songe à remettre le trône à Aricie, seule survivante

---

1   Entre autres, l'Alsace, le Roussillon et l'Artois, la Flandre, la Franche-Comté.

de la maison des Pallantides, voire à partager le royaume en trois, idée dont plusieurs ont dû s'indigner à la cour. Panope évoque même la possibilité d'une révolte : « Et l'on craint, s'il paraît dans ce nouvel orage, / Qu'il n'entraîne après lui tout un peuple volage » (v. 333-334). Cela n'est pas sans rappeler la Fronde qui marqua le début du règne de Louis XIV enfant. En fait, Racine félicite son roi d'avoir su s'en tirer et épargner l'ignominie au royaume.

L'état de la langue, la langue de l'État

Le classicisme s'est formé progressivement au cours du siècle, et l'on considère généralement les années 1660 à 1680 comme celles où il atteignit son expression la plus pure.

Sur le plan littéraire et artistique, on observe d'abord pendant vingt ans (1610-1630) une tendance à l'excès dans l'art, oscillant entre préciosité et burlesque, entre réalisme et fantaisie imaginative ; on qualifie les œuvres de cette époque de **baroques,** en raison de l'absence de règles (irrégularité) et du fait que les artistes explorent des idées ou tendances extrêmes. Mais dès la fondation de l'Académie française en 1635, et même avant, avec l'avènement des salons, vers 1628, on commence à discuter des règles artistiques, d'une codification du beau ; on qualifie de **préclassiques** ces années, entre 1630 et 1660, de discussion, de débat où le baroque s'assagit et où s'élabore la doctrine classique. Évidemment, ces dates n'ont rien d'absolu, car des œuvres classiques ont vu le jour avant 1660 ; en outre, des œuvres d'inspiration baroque ont été publiées après 1630, et même après 1660. Si l'on admet d'emblée que le classicisme a triomphé entre 1660 et 1680, il ne faut pas croire qu'il a dominé de façon absolue. Enfin, après 1680, on commence à mettre en question les dogmes classiques, et même à l'Académie, bastion du conformisme, des voix discordantes se font entendre ; la **querelle des Anciens et des Modernes** démantèlera les unes après les autres toutes les certitudes classiques et débouchera sur une nouvelle période de liberté pour les artistes.

Les salons et l'Académie française

La création de l'Académie française, dont on connaît le rôle dans l'uniformisation de la langue, contribua aussi à une codification de l'art littéraire, qui avait été amorcée dans les salons. Ces derniers étaient des lieux de discussion où s'élaborèrent progressivement les diverses théories littéraires et artistiques du XVIIe siècle. Les plus célèbres salons accueillaient des gens de la noblesse, de la haute bourgeoisie, mais surtout des esprits cultivés qui échangeaient sur tous les sujets concernant le goût, de la mode à l'architecture, de la peinture à la musique, sans oublier bien sûr la langue et la littérature.

En créant en 1635 l'Académie française, composée de quarante personnalités importantes du domaine linguistique et littéraire, Louis XIII et surtout son successeur, Louis XIV, s'assuraient en quelque sorte la maîtrise de ce domaine. D'autres institutions verront le jour en ce siècle : l'Académie des inscriptions et belles-lettres, qui s'occupe de langues anciennes, d'archéologie et d'histoire, ainsi que l'Académie des sciences (physique, astronomie, chimie, etc.), toutes deux fondées en 1666. Ces institutions présentent l'avantage d'avoir permis l'émergence de ce que nous appelons de nos jours une «masse critique», c'est-à-dire la réunion d'un nombre suffisant de cerveaux pour que se prennent d'importantes décisions, pour que se standardisent des systèmes ou pour que circulent des idées qui autrement seraient restées lettre morte. Ce sont en bonne partie elles, ainsi que le climat et l'état d'esprit qui les sous-tendent, qui ont favorisé l'éclosion progressive du classicisme dans tous les domaines artistiques et la codification de la langue française, en soulevant des questions et en stimulant l'échange des points de vue.

Aussi est-il de toute première importance de connaître les particularités langagières et stylistiques afin d'effectuer une lecture juste de la tragédie de Racine. C'est en effet au XVIIe siècle que se fixe la langue française, aussi bien dans sa forme orale qu'écrite. On peut affirmer qu'à la fin du règne de Louis XIV (1715), le français a acquis à peu près sa maturité et qu'il évoluera relativement peu jusqu'à nos jours ; bien sûr, le vocabulaire s'enrichira, mais la syntaxe, l'orthographe et les règles morpholexicales[1] sont à peu près arrêtées.

Comment le français est devenu la langue nationale

Il faut d'abord préciser que le français n'est pas la langue de l'ensemble de la population à cette époque, loin de là ; il est avant tout la langue de l'Île-de-France, c'est-à-dire de la région parisienne, donc la langue parlée à la cour. Dans le reste de la France, le peuple, peu scolarisé, parle une foule de dialectes et de patois plus ou moins proches du français, dont on trouve encore des traces dans les accents régionaux ou dans les langues et dialectes survivants (breton et occitan, par exemple). Si de nombreux facteurs ont contribué à faire du français la langue nationale, deux d'entre eux semblent primordiaux : la fondation de l'Académie française en 1635 et le rassemblement de la noblesse à la cour de Versailles sous Louis XIV.

Fait curieux, en Nouvelle-France le français est, beaucoup plus tôt qu'en France, la langue de communication de l'ensemble de la population. Les colons provenaient de diverses régions de la France (Normandie, Picardie, Bretagne, etc.) ; ils s'exprimaient donc dans des dialectes distincts. On se rendit compte très tôt que, pour se comprendre, il fallait

---

1 Règles concernant la formation des mots, l'emploi des préfixes et des suffixes, la régularité des racines et des familles de mots, etc. On systématise les terminaisons des verbes : par exemple, pour les trois personnes du singulier de l'imparfait, les terminaisons -*ois*, -*ois*, -*oit* deviendront –*ais*, –*ais*, –*ait* dans la langue moderne.

une langue commune. En France, les dialectes occupaient des territoires définis, de sorte qu'il n'y avait pas, ou peu, de concurrence entre eux ; en Nouvelle-France, les colons de différentes régions cohabitaient, ils se mirent tôt à employer le français pour se comprendre. Deux facteurs ont contribué à la quasi-disparition des dialectes en Nouvelle-France : la création d'un réseau d'écoles (dont la fréquentation était obligatoire) où la langue enseignée était le français ; et l'arrivée des filles du roi — qui avaient reçu leur instruction en français, donc qui enseignaient cette langue à leurs enfants. La «langue du roi» était la même ici que dans la mère patrie, d'une qualité égale sinon supérieure à celle employée dans la région de Paris selon les témoignages de plusieurs voyageurs[1].

En France, par ailleurs, l'autorité royale, s'affermissant au cours de l'histoire, atteint un sommet au siècle classique ; la paix et l'unité du royaume assurées, on assistera à un remarquable épanouissement de la connaissance, de la culture, des arts et des sciences. La centralisation et l'uniformisation politiques trouveront donc écho dans ces domaines : le gouvernement royal cherchera à consolider son rayonnement en utilisant les arts et la langue comme symboles du pouvoir. L'impulsion n'est pas donnée par le roi seul, évidemment ; l'idée était dans l'air, puisque toute la noblesse ainsi que l'administration participeront à cet effort d'où naîtra l'idée que la langue française est la plus belle, la plus raffinée. Avec le recul historique, on n'y voit qu'une idée bien prétentieuse ; mais cette prétention servira parfois d'argument pour faire progresser le français à l'intérieur même du royaume.

---

1 Rapporté par Jacques Leclerc, dans *Langue et société*, Laval, Mondia éditeurs, 1986, p. 433. Selon Leclerc, les témoignages du père Chrestien Le Clerq, du père Charlevoix, de Pierre Kalm, de Jean-Baptiste d'Aleyrac et du marquis de Montcalm sont unanimes sur la qualité générale de la langue en usage en Nouvelle-France.

Ce qui se passe en fait, c'est que l'administration, la justice, la législation, l'instruction scolaire, etc., se font désormais en français, et non plus en latin ou dans les dialectes locaux ; ce n'est pas tant que le roi cherche à dominer la langue, mais plutôt qu'il se sert de *sa* langue comme instrument de pouvoir. En fondant l'Académie française, il donne l'impulsion qui permettra la diffusion du français. Le premier tome du dictionnaire de l'Académie paraîtra en 1694, mais il aura été précédé du dictionnaire de Richelet en 1680 et de celui de Furetière en 1690, sans compter ceux de Bayle (1695-1697) et de Moreri (1674) ; la première grammaire française, celle de Vaugelas, paraît en 1647. Les autres dialectes du royaume ne disposent pas d'outils de diffusion aussi puissants !

Le rôle de la noblesse dans la diffusion du français

La noblesse aussi participe au rayonnement du français. Les comtes, ducs, marquis et autres seigneurs de la hiérarchie du royaume sont en fait les administrateurs mandatés par le roi des territoires qui composent le pays. Si ces nobles avaient en gros toute liberté sur leurs terres autrefois, ils se voient contraints au fil des siècles de se rapporter au roi. Sous Louis XIV, ils sont légion à se rendre à la cour, et même à vivre dans le célèbre château de Versailles ; là, le roi peut les surveiller et prévenir les révoltes. Ce regroupement aura un effet secondaire plus ou moins espéré : pour communiquer avec le roi, il faut parler la langue du roi et respecter un code — linguistique, vestimentaire, protocolaire, etc.—, celui du roi.

Les aristocrates ainsi que les lettrés et clercs à leur service «importeront» donc le français dans toutes les régions du pays. Ce mouvement n'aura pas cours sur une période de quelques années, mais plutôt sur des décennies, des siècles. Il connut son apogée au siècle de Louis XIV, bien qu'il ait continué et ait pris de l'ampleur au cours des époques suivantes.

*Le rôle des femmes dans la diffusion du français et
de la théorie classique*

Les nobles, et tout particulièrement les femmes nobles,
ont durant tout le siècle manifesté pour la langue et la littérature un intérêt passionné. Le phénomène des salons en
constitue une preuve éclatante. Plusieurs tiennent en effet
dans leur maison parisienne des rencontres où l'on discute
abondamment de tous les sujets à la mode, l'amour, la
psychologie, la langue, entre autres; parmi ces nombreux
salons, on retiendra surtout ceux tenus par la marquise de
Rambouillet et par Mlle de Scudéry. Les plus grands esprits
de la société mondaine participent à ces discussions d'où
naîtront les idées de perfection et de bon goût en matière
littéraire et linguistique. On tente d'y échanger avec justesse
et correction, dans une langue pure et distinguée, ce qui sera
reflété dans les œuvres littéraires produites.

Portée à son comble, cette tendance donnera naissance à
la **préciosité**, façon affectée de s'exprimer de manière dis-
tinctive; les précieux et précieuses veulent s'exprimer dans
une langue plus que soignée, une langue qui les distingue du
peuple et des gens ordinaires par des formules brillantes et
des traits d'esprit éblouissants. Ils bannissent donc de leur
langage tout mot, toute expression vulgaire et inventent des
tours, des figures de style (métaphores, périphrases, etc.) qui
marquent leur rang. Les salons n'étaient pas ouverts aux
seuls nobles : tout savant, tout érudit, tout «honnête
homme» qui maîtrisait l'art de la conversation ou dont
l'œuvre présentait un intérêt pouvait y être invité.

Parce que ce sont des femmes qui ont insufflé aux salons
leur dynamisme, on peut presque parler d'un mouvement
féministe qui influença le siècle entier. Écartées du pouvoir
temporel, elles embrassent la culture, la langue et la littérature et se garantissent une quasi-mainmise sur ces domaines. C'est probablement pour cette raison que les termes

Versailles.

techniques précis (ceux de la guerre, de l'industrie, etc., domaines essentiellement masculins) sont bannis du langage précieux et, par ricochet, de la langue littéraire classique. On observera, à l'opposé, la richesse et la variété de la langue amoureuse et psychologique.

Le rayonnement du français classique

Tous ces phénomènes contribueront à faire peu à peu de la langue française une langue savante, noble et pure, par opposition aux langues populaires, jugées vulgaires. Elle deviendra une sorte de modèle pour les autres royaumes européens, à un point tel que les auteurs français seront partout reçus avec enthousiasme ; ce fut le cas de Descartes en Suède, par exemple. Au siècle suivant, Voltaire voyagea en Angleterre et en Prusse, entre autres pays, discutant avec ses hôtes en français et faisant paraître certaines de ses œuvres dans ces pays. En outre, le français est une langue seconde que de nombreuses personnes emploient en Europe ; ainsi le grand musicien Jean-Sébastien Bach dédia son *Offrande musicale* à Frédéric II, roi de Prusse, en lui adressant son message en français, et non en allemand, leur langue à tous deux. Parler français est un signe de culture, d'érudition.

La langue classique dans Phèdre

Dans *Phèdre*, on peut voir un parfait exemple de cette langue, où n'apparaîtront aucun mot vulgaire ni technique et où la recherche stylistique classique se manifeste avec brio. Il ne pouvait en être autrement, car Racine a participé à toutes les instances où l'on discutait des questions litté-raires et linguistiques : il a été élu à l'Académie française en 1673 et il a toute sa vie côtoyé la noblesse et la cour royale, où il fut un courtisan attentif à mettre en évidence la gloire du roi ; enfin, il a participé aux salons et à leurs querelles, et il ne se gêna pas pour encenser ses amis ou se faire le détracteur de ses adversaires.

LES IDÉES AU SIÈCLE CLASSIQUE : VERS L'«HONNÊTE HOMME»

Le rôle de la science

Le domaine des idées et de la connaissance fait au XVIIᵉ siècle un pas de géant ; la fin du Moyen Âge et la Renaissance ont vu l'apparition de l'imprimerie, de la chimie et de l'astronomie modernes, ainsi que la naissance d'un système mathématique cohérent, la mise en doute progressive des conceptions d'Hippocrate (IVᵉ s. av. J.-C.) et de Galien (Iᵉʳ s. ap. J.-C.) sur l'anatomie et la médecine, etc., et surtout la «redécouverte» de la culture antique romaine et grecque.

D'énormes progrès seront encore réalisés dans ces domaines au siècle de Louis XIV, mais c'est la remise en question des dogmes, des idées reçues, des croyances populaires et des superstitions qui favorisera l'essor des idées et de la science. On voudra soumettre toutes ces préconceptions à l'épreuve de l'observation et de l'expérimentation. L'affaire Galilée (1564-1642) est à cet égard tout à fait révélatrice. À l'instar de Copernic (1473-1543), dont l'œuvre publiée l'année de sa mort fut mise à l'Index[1], il affirmait que le Soleil et non la Terre était au centre de notre système planétaire, et que c'était bien notre planète qui se déplaçait autour du Soleil, et non le contraire. Il fondait ses affirmations sur les observations réalisées grâce à la lunette astronomique qu'il avait mise au point. Il dut se défendre devant le tribunal de l'Inquisition[2] ; sa conception, en effet, semblait contredire certains passages bibliques, en particulier celui où Josué commande au Soleil d'arrêter sa course.

---

1 Répertoire des œuvres dont la lecture était interdite aux catholiques pour des raisons religieuses ou morales. Mettre un livre à l'Index, c'est donc en assurer le boycottage. Commencé au XVIᵉ siècle, ce catalogue n'a plus force de loi depuis 1966.

2 Tribunal religieux chargé de lutter contre l'hérésie, c'est-à-dire toute idée contraire au dogme catholique.

La parole divine ne pouvait être fautive ! Forcé en 1633 d'abjurer ses théories, Galilée ne publia plus jamais sur ce sujet; il ne fut d'ailleurs réhabilité par l'Église qu'en 1992 !

Mais on ne pouvait arrêter la marche de la connaissance, surtout parce qu'elle se propageait désormais grâce à l'imprimerie. D'autre part, comme l'Église de Rome ne détenait plus le monopole religieux[1], la science poursuivait son épanouissement en toute liberté dans les pays protestants; enfin, de l'intérieur même du catholicisme, on contestait l'autorité inquisitoriale en ces matières. Si l'Inquisition fut interdite en France dès 1560, ce qui peut-être a enhardi les esprits libertins et a favorisé l'éclosion des idées, dans les autres pays catholiques, elle ne perdit toute influence qu'au cours du XVIIIᵉ siècle, mais ne fut abolie officiellement qu'en 1820.

Somme toute, à la fin du XVIIᵉ siècle, la vérité scientifique ne sera plus objet de controverse; la publication en 1687 des *Principia* (*Principes mathématiques de philosophie naturelle*) de Newton (1642-1727) le prouve. Cet ouvrage, préfigurant la science moderne, avait pu voir le jour grâce aux travaux de nombreux prédécesseurs (comme le Français Descartes) et contemporains (comme l'Allemand Leibniz). Les savants, conscients des répercussions de leurs découvertes sur le monde, se doublaient souvent de penseurs et philosophes, ce qui était tout à fait conforme à la société dans laquelle ils vivaient; on ne voyait en effet pas de frontière entre les domaines de la connaissance, entre art et science, entre science exacte et réflexion philosophique. À la fois écrivains et philosophes, ils ont eu leur rôle à jouer dans la définition du concept d'«honnête homme».

L'«honnête homme»

Dans une société aussi cultivée, aussi distinguée et soucieuse de son image que l'était celle du temps de Racine,

---

1   Voir «La question religieuse», à la page 105.

les «honnêtes gens» sont courtisans sans être flatteurs, maîtrisent l'art de la conversation, se comportent en société avec élégance et raffinement, mais sans ostentation ni affectation, savent faire preuve de bravoure autant que de compassion, témoignent d'élégance aussi bien dans leur tenue et leurs comportements (signes extérieurs) que dans leurs idées et leur sens moral; bref, des gens réfléchis, mesurés, raisonnables et qui jamais ne font étalage de leur «moi». Réflexion, mesure et raison sont d'ailleurs les mots d'ordre du classicisme. On se souviendra des propos de Descartes sur la modération évoqués plus haut. Les «honnêtes gens» sauront se montrer réservés et sages : le savant et le lettré sauront s'adresser à leurs hôtes dans une langue claire et soignée, sans faire un étalage ostentatoire de leur savoir, le militaire réprimera la rudesse et le langage épicé de la caserne et du champ de bataille, le noble refoulera toute arrogance, tout comportement hautain devant des subalternes, etc. Noble ou roturier, on ne peut devenir «honnête homme» que grâce à son mérite personnel; ainsi Racine, d'origine assez modeste, s'est taillé une place dans les plus hautes sphères de la société courtisane. Les qualités que l'on reconnaissait à son œuvre, sa présence dans les lieux à la mode et sa participation aux instances appropriées (salons, Académie, débats littéraires, etc.) et sa maîtrise des mœurs courtisanes… ont fait de lui l'un des personnages les plus en vue de son temps, et certainement l'un de ceux qui a participé à l'élaboration du modèle de l'«honnête homme».

L'«honnête homme» dans *Phèdre*

S'il fallait attribuer le rôle d'«honnête homme» à un personnage de *Phèdre*, c'est à Hippolyte qu'il faudrait d'abord songer. Nombre de ses qualités, attitudes et comportements lancent le message «voici comment il faut agir». Du côté féminin, Aricie est également présentée comme une «honnête femme». Le précepteur Théramène, malgré son rôle de faire-valoir face à Hippolyte, représente aussi l'«honnête homme» au sens du XVIIᵉ siècle ; même s'il ne possède pas de titre de noblesse, il a la noblesse du cœur qui en fait un modèle d'«honnêteté».

À l'opposé, les personnages de Phèdre et surtout d'Œnone embrassent toutes les caractéristiques contraires, le message étant qu'elles ne sont pas d'«honnêtes femmes». Évidemment, le statut de reine confère à Phèdre une place à part ; elle fera amende honorable à la fin de la pièce en avouant son crime et en disculpant son beau-fils ; d'ailleurs, elle affirme elle-même ne pas être entièrement responsable de son crime, victime qu'elle est d'une vengeance de la déesse Vénus. Quant à la «détestable Œnone» (v. 1626), elle ajoutera l'infamie à ses crimes en se suicidant ; celle qui a si mal conseillé la reine dans cette affaire se trouve à assumer le plus lourd fardeau criminel, et son suicide vient confirmer la relative innocence de la reine de même que l'abominable culpabilité de sa servante.

Thésée jouit aussi d'un statut particulier ; s'il en possède certains attributs, sa position dans la hiérarchie le place au-delà de l'«honnêteté». Il a bien sûr le devoir d'agir de manière honorable, ce pourquoi il adoptera, à la toute fin de la pièce, la sœur des Pallantides : «Que malgré les complots d'une injuste famille, / Son amante aujourd'hui me tienne lieu de fille» (v. 1653-1654). Mais il peut se permettre certains écarts, comme d'avoir des maîtresses ou d'éclater de rage : le roi distribue ainsi sa majesté ; il ne peut tout de même rester inactif devant la «malhonnêteté», simple victime des événements, son poste lui impose d'agir, de trancher, quitte à faire erreur. Racine ne présente pas Thésée comme coupable de ce défaut, mais mal renseigné par Œnone et Phèdre, il ne peut qu'interpréter de manière erronée les signes et messages qu'il reçoit ; par le fait même, Racine légitime les comportements de son propre roi.

LE DÉCLIN DES IDÉES CLASSIQUES

Est-ce parce que le public commençait à être las de la régularité classique que les auteurs et artistes se sont lancés sur de nouvelles pistes, dirigés vers de nouveaux champs d'exploration ? Ou encore parce que la misère économique et sociale des dernières années du règne du Roi-Soleil, jumelée à des défaites militaires et politiques cuisantes, a forcé la réflexion sur les conditions du moment plutôt que sur les grandes considérations abstraites abordées dans les œuvres classiques ? Avait-on atteint un point de saturation qui faisait du classicisme un mouvement simplement passé de mode ? Toujours est-il que la doctrine classique fut remise en question, exactement comme elle avait été le résultat d'une remise en question plus tôt au cours du siècle. De même, on peut dire que, durant ses dernières années, on toléra le roi plus qu'on ne le soutint.

On pourrait voir plus qu'une coïncidence historique dans le fait qu'au déclin du règne de Louis XIV corresponde le déclin des idées classiques. Vers 1680, ceux qui prendront le titre de **Modernes** commencent à mettre en doute les dogmes du classicisme ; à l'Académie même, en 1687, Charles Perrault proclame que les contemporains ont non seulement égalé les Anciens, mais qu'ils les ont surclassés : «Ils sont grands, il est vrai, mais hommes comme nous», déclare-t-il. C'était une manière de dire qu'il était inutile de continuer à s'inspirer des Anciens, puisqu'ils avaient été dépassés ; l'un des dogmes essentiels étant contesté, les autres le seront peu après. S'ensuit une bataille littéraire que l'on baptisa **querelle des Anciens et des Modernes**, querelle qui ne prit pas fin avant 1697 selon certains, 1715 selon d'autres.

Cette querelle dépasse le simple domaine littéraire ; la science y a joué un rôle considérable. On constate en effet que la science au siècle de Louis XIV s'est affranchie de l'autorité des Anciens en mathématiques, en médecine, en astronomie, en physique, bref dans toutes les sciences de la nature. Les savants ont mis à l'épreuve les «certitudes» héritées de l'Antiquité en appliquant la méthode scientifique mise au point par Descartes et adaptée à toutes les sciences; la mise en doute des principes stricts a permis de nombreuses découvertes scientifiques, les moindres n'étant pas celles de Newton[1], que certains voient comme le savant le plus important de son temps, qui serait à un point nodal l'instigateur et l'inspiration de toute la science moderne. Naît alors l'idée de progrès, qui permettra le formidable bond en avant que la science a accompli au cours des trois cents dernières années.

Les artistes et écrivains revendiquent à juste titre de s'affranchir eux aussi des préceptes promulgués et suivis aveuglément; ils demandent que ceux-ci soient soumis à l'épreuve de la raison. En cela, ils ont eu aussi des prédécesseurs, des auteurs venus plus tôt dans le siècle et que le classicisme triomphant avait écartés : précieux, burlesques et libertins s'étaient plus ou moins opposés à la doctrine stricte du classicisme. On reprendra plusieurs de leurs arguments. Le signe le plus évident de la victoire des Modernes sera l'apparition de véritables personnages contemporains dans les œuvres littéraires, plutôt que de «types» repris de l'Antiquité; bien sûr, on en avait vu dans les comédies et les romans, mais peu dans les autres genres, et pas du tout dans les tragédies. De plus en plus, romans, poèmes et pièces de théâtre présenteront des personnages inspirés du présent, ayant des préoccupations d'aujourd'hui;

---

1 Sans amoindrir son génie, c'est grâce aux découvertes de ses prédécesseurs qu'il a pu aller si loin. Comme preuve du bond scientifique effectué au XVIIe siècle, on peut parler de l'exploration de l'infiniment grand et de l'infiniment petit, rendue possible par l'invention du télescope et du microscope. De même, la machine à calculer de Pascal est un lointain ancêtre de nos ordinateurs.

Charles Perrault.

les principales œuvres de la fin du XVIIe siècle et du XVIIIe siècle illustrent bien ce fait : les *Entretiens* de Fontenelle, le *Candide* de Voltaire, le *Figaro* de Beaumarchais ou *Jacques le fataliste* de Diderot découlent de ce souci de parler des sujets actuels. Perrault lui-même recueillera les idées de ses *Contes* chez ses contemporains ; pour lui, l'art, comme la science, doit progresser, s'appuyer sur ce qui est pour foncer vers l'inconnu. En ce sens, les Modernes ont permis à l'éventail de toutes les tendances de s'exprimer dans les siècles qui suivirent.

À la mort de Louis XIV, le classicisme est moribond aussi ; on voit bien encore certaines œuvres rigides et formalistes d'inspiration classique, mais c'est désormais le règne de l'individu qui point. L'autorité est contestée, tant sur les plans littéraire et artistique que politique et philosophique. Dès la régence de Philippe d'Orléans (1715-1723), on sent souffler sur la France un vent de liberté : ce besoin d'affranchissement atteint son paroxysme lors de la révolution de 1789. L'absolutisme a fait son temps, la démocratie réclamera bientôt ses droits. Le classicisme est passé, l'avenir appartient à ceux qui parlent au présent. Mais entre la Renaissance et la société nouvelle, qui déjà se dessine et prendra naissance au siècle des Lumières, il y a eu un âge d'or, celui du Roi-Soleil et de l'art classique. Et aux côtés des Molière, La Fontaine, Corneille, Shakespeare et Cervantes, Jean Racine n'aura pas à rougir d'avoir donné à la littérature au moins un chef-d'œuvre, *Phèdre*.

RACINE ET SON ŒUVRE

Jean Racine n'a pas encore quarante ans lorsqu'il présente *Phèdre* au public le 1ᵉʳ janvier 1677. Cette **pièce de théâtre** est une **tragédie classique en vers**, une œuvre composée dans une langue assez différente du français moderne. Elle a été rédigée en **alexandrins**, soit en vers de douze syllabes, pour un public de nobles et d'érudits qui appréciaient l'emploi d'une langue littéraire précieuse et recherchée. En 1677, Racine est au sommet de sa gloire et de son art, et pourtant, *Phèdre* sera la dernière œuvre « officielle » de cet auteur considéré comme l'un des plus grands représentants du classicisme français, sinon LE plus grand.

LA JEUNESSE : SES LIENS AVEC PORT-ROYAL

Jean Racine naît en 1639 à La Ferté-Milon, bourg de mille sept cents âmes en Picardie, à environ quatre-vingts kilomètres de Paris. Orphelin en très bas âge (sa mère meurt en 1641 et son père, en 1643), il sera pris en charge par sa grand-mère paternelle, laquelle avait noué des liens avec les jansénistes[1]. La religion joue un rôle déterminant dans sa vie et dans son œuvre[2]. Racine étudie au collège de Beauvais et dans les Petites Écoles de Port-Royal, où les jansénistes possédaient un monastère. Centre culturel et intellectuel très important pendant un court laps de temps, Port-Royal a accueilli des écrivains aussi importants que Racine et Pascal, lequel y écrivit *Les Provinciales*, ainsi que de nombreux penseurs et philosophes religieux ; ses maîtres seront de cette trempe. Racine a également fréquenté le collège

---

1 Les jansénistes constituent un mouvement religieux catholique très dévot et austère. Ils s'attirent l'hostilité du pape et des jésuites à cause de leurs convictions sur la grâce et celle du roi à cause de leur opposition à l'absolutisme royal.

2 Il défend les jansénistes devant le roi et écrit deux pièces d'inspiration religieuse (*Esther* et *Athalie*) ; on peut déceler dans toute son œuvre dramatique des tendances moralisatrices. Les dernières années de sa vie sont très pieuses, et il épouse une femme, Catherine de Romanet, proche des jansénistes.

d'Harcourt, à Paris, et a hésité un moment entre une charge ecclésiastique et une carrière littéraire.

Vers 1660, en mettant fin à ses études, Racine commence à délaisser les jansénistes et, quelques années plus tard, fait son choix : il deviendra écrivain. Ses premières œuvres sont des poèmes courtisans : *La Nymphe de la Seine* (1660), à la louange de Marie-Thérèse d'Autriche, future épouse de Louis XIV, et l'*Ode sur la Convalescence du Roi* (1663), par exemple ; elles lui vaudront d'être remarqué et de recevoir une gratification royale de 600 livres, somme considérable pour ce jeune homme sans le sou. D'autres événements ont peut-être amené Racine à choisir l'écriture plutôt que la prêtrise : la mort de Pascal en 1662 et, en 1660 et 1661, l'ordre donné par Louis XIV de démanteler Port-Royal[1]. Racine paraît plus intéressé à plaire à un roi qui encourageait son art qu'à s'opposer aux volontés de celui-ci. En 1666, la rupture avec ses maîtres jansénistes est consommée ; se croyant attaqué par un dévot qui traitait les romanciers et dramaturges d'«empoisonneurs publics», il publie une lettre mordante défendant son art.

Racine écrit ses premières pièces, mais elles ne seront pas jouées. Les premières qui le seront, *La Thébaïde ou les Frères ennemis*, et *Alexandre le Grand*, sont présentées en 1664 et 1665 par la troupe de Molière, écrivain et comédien avec lequel Racine se lie d'amitié, mais avec lequel il aura bientôt des démêlés[2]. Son amitié avec Boileau date également de cette époque. Bien que ces pièces obtiennent un succès mitigé, le roi portera la pension de l'auteur à 800 livres. La scène dramatique est alors dominée principalement par Molière (1622-1673) et Pierre Corneille (1606-1684), bien que

---

1　Échec partiel, car le roi n'y parviendra que peu de temps avant sa mort.

2　Molière fait jouer les premières œuvres de Racine et les présente devant le roi. Mais Racine, pressé de réussir, confie *Alexandre* à la fois à Molière et à une troupe rivale. Molière en fait un succès public, mais c'est la rivale qui présente la pièce devant le roi. Molière se sent trahi, Racine affirme que les comédiens sont mauvais : la rupture entre les deux est définitive.

Le monastère de Port-Royal.

la faveur de ce dernier auprès du public soit en déclin. On est à la recherche d'un auteur qui redonnera du souffle à la tragédie. Racine occupera bientôt ce créneau, rivalisant avec le vieux Corneille et devenant la nouvelle coqueluche de l'auditoire.

LES ANNÉES DE GLOIRE

Pendant dix ans, de 1667 à 1677, Jean Racine dominera la scène dramatique parisienne et française. C'est le triomphe d'*Andromaque* qui marque le début de cette période de faveur populaire. Suivront *Les Plaideurs* (1668), sa seule comédie, et des tragédies au succès retentissant : *Britannicus* (1669), *Bérénice* (1670), *Bajazet* (1672), *Mithridate* (1673), *Iphigénie* (1674) et *Phèdre* (1677). Les pensions royales augmentent, atteignant finalement 6 000 livres par an. De plus, Racine est élu à l'Académie française en 1673, ce qui confirme son autorité en matière de littérature et de langue.

Comme toujours, la popularité entraîne son lot de flatteries et d'attaques jalouses. De caractère irritable, Racine pourfend ceux qui lui adressent la moindre critique. La plus célèbre querelle l'opposera aux partisans de Corneille, auteur dont le système dramatique est totalement différent. On dit souvent que le tragique, chez Corneille[1], provient de la difficulté à choisir entre l'honneur et l'amour ; dans son chef-d'œuvre, *Le Cid* (1637), le héros doit venger son honneur en tuant le père de celle qu'il aime. Rien de tel chez Racine : les héros sont toujours accablés de passions qu'ils ne peuvent satisfaire, leur drame est intérieur, bien que l'honneur soit toujours présent, mais sur un autre plan. En 1670, la victoire de Racine est confirmée ; les deux auteurs, par hasard ou volontairement, on l'ignore, écrivent

---

1   Corneille est plutôt classé comme préclassique, alors que Racine occupe à peu près tout le champ de la tragédie classique au sens strict. L'Académie publiera d'ailleurs la liste des manquements de Corneille aux règles du classicisme dans *Le Cid*, ce qui montre qu'il ne les a pas toutes respectées.

Andromaque.

une pièce sur le même sujet : *Bérénice* (Racine), et *Tite et Bérénice* (Corneille). Le vieux Corneille est presque invité à prendre sa retraite. Racine pousse l'audace jusqu'à écrire une tragédie de style cornélien, *Mithridate*, dont même les partisans du vieux dramaturge admettent l'excellence.

Cette période est aussi celle d'amours orageuses, de passions passagères. On lui connaît des relations avec des comédiennes, la Du Parc et la Champmeslé, entre autres, mais le nom de peu de ses autres maîtresses nous est parvenu. Le fait qu'il ait ravi la Du Parc à la troupe de Molière a probablement envenimé l'inimitié entre les deux auteurs. De plus, en 1679, Racine est accusé par la Voisin d'avoir empoisonné la Du Parc et de lui avoir volé ses bijoux ; l'affaire ne sera jamais portée devant les tribunaux, mais la réputation de Racine, déjà ternie par l'échec «arrangé» de *Phèdre*, en souffre beaucoup.

Phèdre, en effet, ne connaît pas un succès immédiat. En même temps que Racine, l'auteur Jacques Pradon présente une pièce sur le même sujet, *Phèdre et Hippolyte*. La comparaison entre les deux œuvres a engendré des querelles et même des cabales passionnées. Il est vrai que les deux auteurs ont des protecteurs puissants, eux-mêmes rivaux. Ainsi, les ennemis de Racine achètent tous les billets pour la pièce de celui-ci afin que le théâtre reste vide, et distribuent gratuitement des billets pour la pièce de Pradon. On écrit des préfaces pour défendre son point de vue, des épigrammes et des sonnets pour s'insulter, on se menace de bastonnade. Racine lui-même met moins de vigueur à défendre sa pièce qui, petit à petit pourtant, gagnera la faveur du public.

LA RETRAITE

On sent le dramaturge préoccupé par d'autres sujets : il se réconcilie avec Port-Royal et épouse une sympathisante janséniste ; le roi lui offre une charge d'historiographe, il

La comédienne Champmeslé.

saisit l'occasion pour se retirer du monde du théâtre. Il écrira encore deux pièces, à la demande de Mme de Maintenon, maîtresse puis seconde épouse de Louis XIV : *Esther* (1689) et *Athalie* (1691) ne seront pourtant jamais jouées par des professionnels du vivant de l'auteur ; elles seront présentées à la maison de Saint-Cyr, que Mme de Maintenon avait fondée pour l'éducation de jeunes filles nobles et pauvres. Racine se dit entièrement absorbé par son travail d'historiographe et sa charge à l'Académie, lesquels lui laissent à peine le temps d'écrire des *Cantiques spirituels* (1694) et un *Abrégé de l'histoire de Port-Royal* (1697), œuvres pieuses ou à la défense des jansénistes. Il mourra en 1699, ennobli par le roi depuis 1690, et sera enterré à Port-Royal[1].

Madame de Maintenon.

---

1   Ses restes seront ramenés dans un cimetière catholique de Paris en 1711, après la fermeture définitive de Port-Royal.

L'ŒUVRE EXPLIQUÉE

PHÈDRE : QUINTESSENCE DE LA TRAGÉDIE CLASSIQUE

Le lecteur d'aujourd'hui est rarement confronté à la tragédie, genre peu, voire pas du tout, pratiqué après la période classique. Il faudrait se garder de ne voir en celle-ci qu'une «histoire qui se termine mal». La tragédie classique n'est pas un drame ni le spectacle déchirant du malheur. Si les personnages inspirent au spectateur de la pitié (pathétique), elle est loin du mélodrame où les épisodes déchirants sont soulignés de manière excessive, comme certaines péripéties de films sont illustrées de façon violente par une musique insistante. C'est, bien au contraire, au spectacle de la dignité devant la fatalité d'un inéluctable destin que l'on assiste ; et c'est bien plus l'horreur du péché et la terreur du châtiment que le tragédien cherche à inspirer, et non la seule pitié. La tragédie ne repose pas sur le suspense, l'attente anxieuse du dénouement ; au contraire, le dénouement est connu et vu comme inévitable. La tragédie dépeint la noblesse de personnages hors du commun, donc des rois et reines, des héros, des figures bibliques..., dans l'adversité, personnages considérés comme des idéaux à atteindre ou des modèles à éviter. Par le biais de ces crises au paroxysme de leur déroulement, c'est la condition humaine elle-même qui est dépeinte, et non pas un drame personnel, individuel.

Il faut savoir que la tragédie classique n'est pas née en un seul jour. Des décennies de recherche et de querelles ont été nécessaires pour qu'elle aboutisse au niveau de «perfection» qu'elle atteignit vers 1640. Plusieurs genres ont été en vogue avant la période classique, et même pendant celle-ci : la tragicomédie, la comédie, la pastorale et les «bergeries», et tous les genres mixtes. Les théoriciens ont fini par s'entendre au sujet des diverses règles, comme celles des trois unités ou de la bienséance (voir pages 139 et 140), d'autant plus qu'Aristote, auteur et théoricien de l'Antiquité, défendait à peu près les mêmes préceptes dans sa *Poétique*. Sachant l'admiration que les érudits du XVIIe siècle vouaient aux Anciens, on ne s'étonnera pas de voir là un argument définitif en faveur des règles inspirées de la tragédie grecque.

Mais l'une de ces règles semble avoir joué un rôle déterminant en ce qui a trait aux caractéristiques propres à la tragédie : l'unité de ton, qui exclut tout mélange des genres. Il n'y aura pas d'intermède comique ou plaisant dans la tragédie française, contrairement à la tragédie anglaise de Shakespeare, par exemple. C'était une façon bien particulière de rendre **vraisemblable** le destin effroyable des personnages de tragédie ; en ne dérogeant jamais à la tonalité tragique, l'auteur permet au spectateur de se concentrer uniquement sur la tragédie elle-même, et non sur l'individu qui la subit. La vraisemblance, c'est donc dans *Phèdre* tout ce qui contribue à la tonalité tragique ; rien à voir avec le réalisme... Les règles, les unités, les bienséances et la vraisemblance (telle que cette dernière est conçue à l'époque) seront parfaitement suivies et respectées par Racine dans *Phèdre*.

LES RÈGLES CLASSIQUES DE COMPOSITION

Nicolas Boileau a clairement codifié, dans son *Art poétique*, les règles qui régissaient la rédaction des divers types d'œuvres littéraires. Ces conventions semblent aujourd'hui très normatives, ayant fait de l'art d'écrire une pratique figée, voire pétrifiante. Racine s'est efforcé de les appliquer à la lettre et, peut-être pour cette raison, passe pour le plus puriste des classiques. Les principes de l'art classique s'inspirent de ceux de l'Antiquité (Platon, Aristote, Horace, entre autres). Au XVIIe siècle, une foule d'auteurs écriront leurs préceptes ou leurs conseils aux auteurs, ou encore devront rédiger des préfaces pour défendre leurs œuvres, y expliquant les fondements de leur art. C'est Boileau qui, en 1674, en fera une synthèse considérée comme la quintessence du classicisme français. *L'Art poétique* donne les conseils suivants, qui constituent l'essentiel de la doctrine classique.

Imitation des Anciens

Les auteurs de l'Antiquité, vénérés parce qu'ils auraient atteint ou avoisiné la perfection de l'art, doivent être imités. L'imitation n'est pas considérée comme un plagiat, mais plutôt comme un hommage. Dans l'extrait suivant, Boileau en nomme deux, Théocrite et Virgile :

«Suivez […] Théocrite et Virgile

Que leurs tendres écrits, par les Grâces dictés,

Ne quittent point vos mains, jour et nuit feuilletés.

Seuls, dans leurs doctes vers, ils pourront vous apprendre

Par quel art, sans bassesse, un auteur peut descendre.»

(*Art poétique*, «Chant II», v. 26-30.)

Respect des bienséances et du bon sens

En toute chose, l'auteur doit respecter le bon goût, les bonnes mœurs ; en termes clairs, ne pas choquer son public par des scènes disgracieuses. Cela implique en outre que la morale soit observée, et même que les mots vulgaires ou grossiers soient bannis. De même, les scènes de combat ne sont pas permises ; dans le cas où un combat doit opposer des adversaires, le spectateur se le verra raconté par un témoin.

«Quelque sujet que l'on traite, ou plaisant, ou sublime

Que toujours le bon sens s'accorde avec la rime.»

(*Art poétique*, «Chant I», v. 27-28.)

«Ce qu'on ne doit point voir, qu'un récit nous l'expose :
Les yeux, en le voyant, saisiraient mieux la chose ;
Mais il est des objets que l'art judicieux
Doit offrir à l'oreille et reculer des yeux.»
(*Art poétique*, «Chant III», v. 51-54.)

«L'étroite bienséance y veut être gardée.»
(*Art poétique*, «Chant III», v. 123.)

Plaire et instruire

La règle qui consiste à plaire et à instruire est la conséquence et la suite de la recommandation précédente : tout en respectant les bienséances, l'auteur doit plaire à son public et lui apprendre la dignité et la noblesse dans le comportement. Une bonne partie des œuvres de cette époque a une valeur morale ou des tendances moralisantes ; on n'a qu'à songer aux *Fables* de La Fontaine, aux *Maximes* de La Rochefoucauld ou aux *Contes* de Charles Perrault. Il convient de ne pas oublier l'importance de la question morale au XVIIe siècle, sujet abordé dans la section consacrée à la question religieuse.

«Le secret est d'abord de plaire et de toucher :
Inventez des ressorts qui puissent m'attacher.»
(*Art poétique*, «Chant III», v. 25-26.)

«Et que l'amour, souvent de remords combattu,
Paraisse une faiblesse et non une vertu.»
(*Art poétique*, «Chant III», v. 101-102.)

La règle des trois unités

La règle des trois unités est la plus célèbre d'entre toutes : l'action doit se dérouler en un seul lieu (unité de lieu), en un seul jour, idéalement entre le lever et le coucher du soleil (unité de temps), et s'en tenir à une seule intrigue (unité d'action). En outre, la division de la tragédie en cinq actes est hautement recommandée, voire obligatoire. On peut invoquer la raison, souveraine au XVIIe siècle, pour justifier ces règles. Il importait aux auteurs classiques d'éviter ce qu'ils considéraient comme les excès ou les invraisemblances des baroques (plusieurs lieux, actions diverses se déroulant en plusieurs jours, ou même mois). L'action doit se centrer sur l'essentiel, donc le moment du dénouement (unité d'action); une action si brève ne peut s'étendre sur une longue période (unité de temps) ni se développer en une multitude d'endroits (unité de lieu), d'où la nécessité de trouver un emplacement où il est possible que tous les personnages se rencontrent. Quant à la division en cinq actes, certains spécialistes ont invoqué une justification toute bête : la durée des chandelles éclairant la scène étant limitée, il fallait que la pièce soit divisée en segments assez courts; l'on pouvait alors changer les bougies entre les actes !

«Mais nous, que la raison à ses règles engage,
Nous voulons qu'avec art l'action se ménage;
Qu'en un seul lieu, qu'en un jour, un seul fait accompli
Tienne jusqu'à la fin le théâtre rempli.»
(*Art poétique*, «Chant III», v. 43-46.)

L'universalité

Une cinquième règle doit être soulignée : l'universalité. L'auteur classique doit traiter des sujets compris de tous, quel que soit leur pays, à quelque époque qu'ils vivent. C'est pourquoi les œuvres classiques ont un tel rayonnement; elles développent des sujets que tous peuvent comprendre : l'amour, la mort, l'honneur, les travers humains, etc. À cet égard, les personnages de tragédie ne sont pas des «personnes» ou des individus, mais des types humains universels. Le fait qu'ils vivent dans l'Antiquité renforce donc leur universalité, l'idée que les caractères dépeints sont de tout temps, de tout lieu. Et si certains se sont sentis visés, attaqués par la description ou le portrait de tel personnage, cela n'était pas l'intention de l'auteur..., du moins officiellement.

LE RAPPORT ENTRE LE MYTHE ET LA PIÈCE

L'imitation des Anciens, un précepte dont la présence dans *Phèdre* ne peut échapper au lecteur moderne, est l'un des principes les plus importants du classicisme français. Non seulement admirait-on la perfection des réalisations techniques, des arts et de la connaissance antiques, mais on voyait également dans l'Antiquité une époque mythique où l'imaginaire classique trouvait un terreau fertile. De même, au XXe siècle, nous voyons parfois «le temps des rois et des princesses» comme l'univers idéal, le paradis perdu. En situant l'action dans l'Antiquité, les auteurs répondaient en outre à l'exigence d'universalité du classicisme, conférant ainsi à l'œuvre une vérité, un «réalisme» valide pour tous, en tout lieu, à toute époque, ce qui, par le fait même, en assurait la pérennité. À l'exception de *Bajazet*, Racine a puisé l'inspiration de toutes ses pièces dans la mythologie et l'histoire de l'Antiquité ou dans la Bible. Pour bien comprendre la pièce de Racine, il convient d'abord de rappeler le mythe de Thésée.

Le mythe de Thésée

Égée[1], roi de la ville grecque d'Athènes, craignant pour la vie de son fils nouveau-né, le confie à Pitthée, roi de la ville de Trézène et allié d'Égée, qui l'élève comme son propre fils. Ayant atteint sa majorité, Thésée apprend sa véritable identité et retourne à Athènes. Chemin faisant, il accomplit six exploits, souvent comparés aux douze travaux d'Hercule (Racine l'appelle Alcide), grâce auxquels il arrivera à Athènes avec une réputation de héros qui lui permettra d'être reçu à la cour du roi Égée. Différentes versions du mythe racontent comment le père reconnut son fils, la plupart du temps évoquant une épée et des sandales autrefois remis à Pitthée et

---

1   À titre de référence, on trouvera en annexe un glossaire des noms propres figurant dans le texte de cette pièce, que le lecteur pourra consulter en cours de route.

Thésée tuant le Minotaure.

qu'Égée, devenu un vieillard, identifie. Mais les cinquante Pallantides, cousins du jeune héros et prétendants au trône d'Athènes, fomentent une révolte afin d'empêcher Thésée d'accéder au pouvoir. Ce dernier écrase violemment leur rébellion et les tue tous.

Survient bientôt un événement terrible de l'histoire de la ville : tous les neuf ans, les Athéniens doivent envoyer en Crète sept garçons et sept filles. En voici la raison : Égée a autrefois perdu une guerre contre Minos, roi de l'île de Crète, lequel exige des Athéniens ce tribut pour nourrir le Minotaure, monstre enfanté par son épouse, Pasiphaé. Pour cacher ce monstre, le roi a fait ériger un labyrinthe à Cnossos, la capitale. Afin de conserver le secret, Dédale, l'architecte du Labyrinthe, y est enfermé avec son fils, Icare ; tous deux s'enfuient grâce à des ailes collées avec de la cire, mais le fils, s'étant trop approché du soleil, tombe dans la mer Égée. Le Minotaure, monstre mi-humain, mi-taureau, hante ce dédale et se nourrit de chair humaine. «Mieux vaut que ce soit celle de mes ennemis», pense le roi Minos.

Le temps étant venu de faire parvenir le tribut exigé, Thésée demande à se joindre au groupe. Avant d'être donné en pâture au Minotaure, Thésée réussit à attirer l'attention de l'une des filles de Minos, Ariane. Amoureuse du héros, elle lui procure, avant qu'il n'entre dans le Labyrinthe, une épée et une pelote de fil, avec laquelle il pourra, après l'avoir déroulée, retrouver le chemin de la sortie. Thésée tue le monstre et s'enfuit avec Ariane ; averti par un songe que les dieux ne la destinent pas à devenir son épouse, il l'abandonne dans l'île de Naxos, où elle périra.

De retour à Athènes, Thésée apprend la mort de son père Égée et devient roi. Sa fonction l'oblige à prendre une compagne et à donner un héritier au royaume : il capture l'Amazone Antiope, dont il aura un fils, Hippolyte. Après la mort d'Antiope (ou le retour de cette dernière à sa tribu, selon une autre version), Thésée scelle la paix avec l'ennemi d'autrefois, le roi Minos, dont il épouse la plus jeune fille : Phèdre, la sœur même d'Ariane. Ce mariage est des plus glorieux, car Phèdre a pour ancêtre le dieu du Soleil, Hélios, et Jupiter lui-même, «le père et le maître des dieux» (v. 1275) ; quant à Thésée, on prétend qu'il est aussi apparenté à Jupiter par sa mère, Æthra.

Thésée connaîtra de nombreuses aventures, tant héroïques qu'amoureuses. Il fera face à de nombreux périls lors de ses voyages épiques, mais il trompera souvent son épouse dans les bras de maintes jeunes femmes. Lui et Phèdre auront cependant deux enfants, Acamas et Démophon, dont on parle dans la pièce sans les nommer. Alors que le royaume entier croit Thésée mort dans une nouvelle aventure, la reine déclare son amour à Hippolyte. Comme ce dernier repousse les avances de Phèdre, elle l'accuse de tentative de viol, ce qui provoquera leur mort à tous deux. Une précision s'impose : dans la pièce, par respect des bienséances, Racine est beaucoup moins cru, moins direct, car il ne doit pas choquer son public ; le mot *viol* n'est en effet jamais employé, et l'accusation n'est pas portée par Phèdre elle-même, mais bien par Œnone, sa servante. C'est la dernière journée de ce drame que Racine raconte dans *Phèdre*.

Thésée est associé à de nombreux autres mythes et exploits qu'il est inutile de rappeler ici, car Racine n'en fait pas mention, si ce n'est un voyage aux Enfers, le séjour des morts. Ajoutons que le personnage d'Aricie est, selon certains spécialistes, une invention de l'auteur classique pour donner du ressort dramatique à sa tragédie.

LES PERSONNAGES

Les personnages principaux

On peut s'étonner de la différence entre les héros du mythe et les personnages tels qu'on les voit vivre dans la tragédie de Racine. Cela tient principalement à l'imagination et à la liberté créatrice de l'auteur. Ce qui l'intéresse en effet, ce ne sont pas les exploits, les aventures héroïques, mais les conséquences psychologiques, la complexité des caractères. De plus, ils répondent aux préoccupations et aux aspirations du XVIIᵉ siècle. Même si Racine s'est inspiré de l'Antiquité, les spectateurs de son époque se reconnaissaient dans ses personnages. Pour bien les comprendre, il convient de dégager leurs principales caractéristiques.

Thésée

Roi d'Athènes et époux de Phèdre, Thésée ne fait sa première apparition qu'au troisième acte, mais sa présence se fait sentir dès les premières lignes : il est absent depuis plus de six mois, et son fils veut partir à sa recherche. Comme Louis XIV dans la société française, on le sent omniprésent, omnipotent ; c'est véritablement le monarque absolu. Couvert de gloire grâce à son héroïsme, c'est aussi un homme qui plaît aux femmes (voir, par exemple, les vers 635 à 642). Son absence a déstabilisé le royaume, mais son retour ne suffira pas à arranger les choses : la machine infernale lancée par la passion déraisonnable de Phèdre ne peut que mener à un dénouement tragique. Simple mortel malgré une stature plus grande que nature, Thésée ne peut tout de même rivaliser avec les dieux qui ont inspiré cette passion à son épouse. Sa force, sa puissance même deviendra sa pire ennemie car, en priant Neptune de le venger, il signe l'arrêt de mort de son propre fils. À la toute fin, il adoptera Aricie, seule survivante de la famille des Pallantides, famille qu'il a combattue toute sa vie. La douleur le ramène donc à des dimensions plus humaines.

Phèdre

La reine occupe la deuxième place dans la hiérarchie du royaume ; personnage éponyme de la pièce, il est normal qu'elle soit la plus présente. Les conventions sociales du XVIIe siècle font de son amour pour Hippolyte un amour incestueux, monstrueux, condamnable, même si au sens strict il n'y a entre les deux aucune consanguinité. C'est le seul personnage dont la souffrance, la douleur ne cesse à aucun endroit dans la pièce ; Hippolyte et Aricie ont un rayon d'espoir à un moment ; Œnone et Théramène ont le bonheur et l'honneur de servir les plus grands du royaume et semblent accepter leur rang de bonne grâce ; Thésée, malheureux dès le moment de son retour, a tout de même joui des plaisirs de la vie et de l'amour de nombreuses maîtresses. Victime d'une vengeance séculaire de la déesse Vénus, Phèdre ne peut rien pour échapper à son sort ; elle se perçoit d'ailleurs elle-même comme une victime, bien qu'elle accepte une part de responsabilité. Elle est encore assez jeune, beaucoup plus jeune que son époux, Thésée, car elle est la sœur cadette d'Ariane, ce qui rend vraisemblable un amour entre elle et Hippolyte. Mais elle est aussi d'une implacable lucidité dans sa faiblesse et son affolement, lucidité qui la pousse aux actes les plus désespérés, aux paroles de vengeance les plus violentes. Mourante, elle avoue ses crimes, ce qui la rachète un peu aux yeux des spectateurs religieux ; mais son suicide, s'il la délivre d'un intolérable chagrin, lui vaut une damnation supplémentaire.

Hippolyte

Fils de Thésée et d'une mère étrangère, une barbare, l'Amazone Antiope, Hippolyte semble avoir trouvé refuge dans la pratique des sports nobles : chasse, course de chevaux et de chars, lancer du javelot, etc. Peut-être est-ce un moyen de faire passer sa rage et son exaspération, car il souffre d'un sentiment d'infériorité face à son glorieux père (voir les vers 97 à 113), dont il suit pourtant les directives jusqu'à la mort. Indigné qu'on l'accuse, il se défend assez mollement auprès de son père, car s'il est d'une probité irréfutable, il a tout de même transgressé l'interdit paternel en aimant Aricie. En cela, il ressemble à Phèdre, sa belle-mère : il se sent lui aussi coupable d'aimer. Si le mythe le présente presque comme une brute ayant fait le vœu de chasteté, voire haïssant les femmes, Racine en a plutôt fait un «musclé faible» : il aime en secret et ne déclare sa flamme que sous la contrainte.

Aricie

«Reste du sang d'un roi noble fils de la terre» (v. 421), ainsi se décrit Aricie. Seule descendante d'un roi ayant gouverné autrefois Athènes, elle est peinte par Racine comme une jeune femme sensée, posée, mais sensible au charme d'Hippolyte. Malgré un statut de quasi-esclave, tout lui étant interdit par Thésée, elle a su conserver sa dignité, sa noblesse intérieure ; elle osera dire la vérité au roi (ACTE V, SCÈNE 3) qui, bien qu'ébranlé par ses propos, ne la croira qu'à demi. Mais à la mort d'Hippolyte, il tente de faire amende honorable en adoptant celle qui aurait pu devenir sa belle-fille. En effet, elle se serait volontiers enfuie avec Hippolyte, mais à la condition expresse qu'il en fasse sa femme.

Œnone

Œnone est un personnage ambigu. Entièrement dévouée à la reine depuis la naissance de celle-ci, Œnone tente par tous les moyens de la sauver. Mais ses tentatives ne font qu'envenimer la situation, précipitant la catastrophe. Souvent perçue comme un personnage noir, elle est pourtant motivée par de bonnes intentions, un peu à la manière d'une mère trop protectrice. Seul personnage de condition modeste tenant un rôle si important, elle accomplit le sale travail (c'est elle qui, entre autres choses, porte les accusations contre Hippolyte devant Thésée), dégageant ainsi sa maîtresse d'une part des responsabilités. De la sorte, Œnone préserve les convenances ainsi que l'honneur de Phèdre. Contrairement à Phèdre, elle ne se disculpe pas avant son suicide.

Théramène

Théramène, précepteur d'Hippolyte, soutient lui aussi totalement son maître, mais sa tâche est plus facile que celle d'Œnone grâce à l'âme noble d'Hippolyte. Si, dans l'ACTE I, il ne fait que donner la réplique au prince pour faire avancer l'action, on retiendra surtout de lui l'émotion qui transperce dans sa description de la fin tragique du fils de Thésée (ACTE V, SCÈNE 6).

Les personnages secondaires

Les autres personnages, en gros, ne sont là que pour confirmer les qualités ou les défauts des principaux acteurs, ou encore pour justifier un ressort dramatique. C'est le cas d'Ismène, dont le rôle consiste à donner la réplique à Aricie, afin qu'elle extériorise ses véritables sentiments, exactement comme l'avait fait Théramène avec Hippolyte dans l'ACTE I. Quant à Panope, elle ne vient qu'annoncer la mort de Thésée et insister sur les querelles qui découleront de cet événement. Pitthée, Pirithoüs, Acamas et Démophon, s'ils ne prononcent pas une parole, jouent aussi l'un de ces deux rôles.

Autres personnages mythologiques dans *Phèdre*

Bien que le sujet soit d'inspiration grecque, Racine évoque certains dieux et déesses de la mythologie, en les désignant curieusement par leur nom latin : Diane, déesse de la chasse et protectrice d'Hippolyte ; Jupiter et son épouse Junon, roi et reine des dieux de l'Olympe ; Minerve, que les Grecs appellent Athéna, déesse protectrice de la ville d'Athènes ; Neptune, dieu de la mer et protecteur de Thésée ; et enfin Vénus, déesse de l'amour, qui accable tous les descendants du dieu Hélios en les affligeant de passions coupables ou abominables.

Racine ne s'intéresse à l'anecdote mythologique que pour cette dernière raison : cela lui permet de mettre en scène les détestables passions et d'en montrer les conséquences néfastes. Quelques exemples suffisent à saisir son point de vue sur la question : Pasiphaé, amoureuse d'un animal, mettra au monde un monstre ; Phèdre, amoureuse de son beau-fils, mettra en branle une machine infernale qui sèmera autour d'elle le malheur et la mort, car chacun souffrira à cause d'elle et de ses passions odieuses.

Racine peut aussi faire l'éloge du roi Louis XIV, dont la vie rappelle certains épisodes de celle de Thésée, du moins dans l'esprit de l'auteur : il s'agit pour lui d'une façon de flatter le roi en le comparant à un héros célèbre. On peut cependant discerner une certaine lueur de reproche à l'évocation des multiples aventures amoureuses de Thésée ; n'est-ce pas une façon polie de signifier au roi Louis XIV qu'il commet le péché d'adultère ? Quant à Hippolyte et Aricie, leur nature posée et réfléchie, leur courage stoïque devant l'adversité et leur mesure, par opposition à la démesure de Phèdre, en font l'incarnation de l'«honnête homme» ou, plus précisément, des «honnêtes gens», qui constitue l'idéal du classicisme.

LA LANGUE ET LE STYLE

Lire une œuvre classique, ce n'est pas seulement se faire raconter une histoire ; c'est aussi, et peut-être surtout, en apprécier la valeur stylistique. En fait, dans *Phèdre*, l'anecdote a plus ou moins d'importance, en ce sens que les épisodes du développement sont connus du spectateur ou du lecteur : le mythe est célèbre, comme le sont les personnages et leurs rivalités, le dénouement, les lieux… De nombreux auteurs ont repris le sujet proposé d'abord par Euripide (Ve s. av. J.-C.), et Racine, même s'il n'a pas lu tous ces textes, possédait une solide culture générale ; il en allait de même des spectateurs de son époque. Le récit a son importance, bien sûr, mais c'est surtout la *manière* dont il est mené qui fait de l'auteur un modèle artistique pour son temps. Un fait démontre hors de tout doute l'importance accordée à la manière : les auteurs sont placés en situation de rivalité, comme le montrent les cas de Racine et Corneille et de Racine et Pradon[1]. Au-delà des manœuvres mesquines, on constate à quel point la langue et le style ont passionné l'élite du XVIIe siècle.

Tout en respectant à la lettre les prescriptions du classicisme, Racine a su émouvoir son public, qui se reconnaissait en ces personnages plus grands que nature, et tout de même jouets dans les mains de forces supérieures (les dieux) ou intérieures (les passions). Ces personnages emploient la même langue que le public cultivé, et dont nous avons parlé plus haut. Le lecteur est parfois étonné de certaines particularités grammaticales, comme la place des pronoms compléments ou l'emploi de temps et modes verbaux «rares» (le passé simple à la première personne du pluriel ou le subjonctif imparfait, par exemple) ; on ne doit y voir que des caractéristiques propres à la langue littéraire du XVIIe siècle.

La versification

D'emblée, ce qui saute aux yeux du lecteur de *Phèdre* est que le texte est entièrement écrit en **alexandrins** (vers de douze syllabes). Ces vers forment des couples qui riment, c'est-à-dire des **rimes suivies**, ou plates. La pièce suit ce modèle d'un bout à l'autre. En outre, l'alexandrin classique idéal comporte une **césure** (coupure) à l'**hémistiche** (le milieu du vers, soit après la sixième syllabe pour le vers qui en compte douze) ; dans l'exemple qui suit, l'hémistiche est représenté par un double trait (||) :

«Que | mon | cœur,| chè|re Is|mè||ne, é|cou|te a|vi|de|ment
Un |dis|cours |qui| peut|-ê||tre a| peu |de| fon|de|ment !

---

1   Voir «Les années de gloire», à la page 132.

Ô |toi |qui |me |con|nais,|| te |sem|blait|-il| croy|able
Que |le |tris|te| jou|et|| d'un |sort |im|pi|toy|able,
Un |cœur |tou|jours| nour|ri|| d'a|mer|tu|me et |de |pleurs,
Dût |con|naî|tre |l'a|mour|| et |ses |fol|les |dou|leurs ?»
(v. 415-420).

Les traits indiquent comment sont comptées les syllabes.
Sans expliquer toutes les règles de la versification classique
et de la **scansion** (mesure) des vers, on peut tout de même
en présenter les principales. À la fin d'un vers, une syllabe
muette placée en fin de mot n'est pas comptée ; ainsi «able»
compte pour une syllabe et non deux. À l'intérieur d'un
vers, une syllabe muette placée en fin de mot compte pour
une syllabe si elle est suivie d'un mot qui commence par
une consonne ; ainsi, dans «con|naî|tre |l'a|mour», «tre»
compte pour une syllabe. À l'opposé, si elle est suivie d'un
mot qui commence par une voyelle ou un «h» muet, on ne
la compte pas pour une syllabe ; ainsi, dans «chè|re Is|mè|ne,
é|cou|te a|vi|de|ment», «re Is», «ne é» et «te a» comptent
chacun pour une seule syllabe. Quant aux mots contenant
deux voyelles de suite, par exemple, passION, dIEUX,
coursIERS, l'auteur a le choix de compter une ou deux
syllabes (pas|sion ou pas|si|on ; dieux| ou di|eux ; cour|siers
ou cour|si|ers) ; ainsi, le mot «jou|et|» est compté pour deux
syllabes, mais l'auteur aurait pu n'en compter qu'une au
besoin.

Un vers peut être constitué de plusieurs répliques. Voici
un exemple (v. 763) :

PHÈDRE
Quand je me meurs !
ŒNONE
                        Fuyez.
PHÈDRE
                                Je ne le puis quitter.

Les trois répliques ne constituent qu'un vers ; la disposi-
tion décalée permettra de déceler qu'il s'agit du même vers.

Si on réunissait les répliques sur une seule ligne, on obtiendrait un alexandrin :

«Quand |je |me |meurs ! | Fuy|ez.|| Je |ne |le |puis |quit|ter.»

On permettait aux auteurs de prendre certaines libertés orthographiques, en raison de la difficulté d'écrire en vers ou en raison de considérations esthétiques. Voici quelques exemples de ces particularités orthographiques, ou licences poétiques :

«Mes yeux sont éblouis du jour que **je revoi**,
Et mes genoux tremblants se dérobent sous moi»
(v. 155-156).

Si l'auteur avait écrit «je revois», la rime n'aurait pas été aussi évidente et agréable pour l'œil («revois»/«moi»). Le procédé est le même aux vers 399 et 400 («je le croi»/ «toi»), 579 et 580 («revien»/«entretien»), 639 et 640 («soi»/ «je vous voi»), 987 et 988 («je la voi»/«effroi»).

Il arrive que l'auteur ait besoin de supprimer une syllabe pour obtenir un alexandrin. Il peut alors supprimer un «e» muet à la fin d'un mot. C'est le cas avec «encor» au vers 70 :

«M'ait |fait |su|cer |**en**|**cor**|| cet |or|gueil| qui |t'é|tonne».

Au vers 32, il supprime le «s» final d'«Athènes» :

«Au |tu|mul|te |pom|peux|| d'A|**thè**|**ne** et |de |la |cour».

Sans cette suppression, les vers compteraient treize syllabes. Par contre, pour obtenir les douze syllabes d'un alexandrin, il arrive aussi que l'auteur ajoute un «s» à la fin d'un mot : par exemple, il écrit «jusques» au lieu de «jusque» et «grâces» au lieu de «grâce».

«Et |ses |cris |in|no|cents||, por|tés |**jus**|**ques** |aux |dieux» (v. 347).

«**Grâ**|**ce**|s au |ciel|, mes |mains|| ne |sont |point| cri|mi|nelles» (v. 221).

Les procédés stylistiques

La poésie du XVIIe siècle emploie un langage fleuri et recherche l'expression qui impressionne et bouleverse. Pour les théoriciens de l'art classique et les auteurs de cette époque, le texte littéraire doit se détacher du commun, exprimer la pensée avec adresse et raffinement. N'oublions pas que le public est avant tout composé de nobles, de grands bourgeois, les seules personnes pouvant s'offrir une instruction poussée, ainsi que d'érudits. C'est la raison pour laquelle les auteurs emploient de nombreuses figures de style. Voici des exemples de diverses figures de style employées par Racine dans *Phèdre*.

Les figures d'opposition (antithèse, chiasme, oxymore)

ANTITHÈSE :

«Je le vis, je **rougis**, je **pâlis** à sa vue» (v. 273).

CHIASME :

«**Tu me haïssais plus, je ne t'aimais pas moins**»
(v. 688).

OXYMORE :

«Je voulais […]
[…] dérober au jour **une flamme si noire**» (v. 309-
310).

Les figures d'insistance et d'amplification (répétition,
anaphore, redondance, hyperbole, énumération)

RÉPÉTITION :

«**Quel dieu**, Seigneur, **quel dieu** […]» (v. 512).

ANAPHORE :

«**Hippolyte** demande à me voir en ce lieu ?
Hippolyte me cherche, et veut me dire adieu ?»
(v. 367-368).

REDONDANCE :

«Oui, Prince, je **languis**, je **brûle** pour Thésée.
Je l'**aime**, non point tel que l'ont vu les enfers»
(v. 634-635).

Hyperbole :

> «Ses longs mugissements **font trembler le rivage.**
> **Le ciel avec horreur voit** ce monstre sauvage;
> **La terre s'en émeut, l'air en est infecté;**
> **Le flot, qui l'apporta, recule épouvanté.**
> **Tout fuit** […]» (v. 1521-1525).

Remarquez que cette hyperbole se développe dans une énumération.

Énumération :

> «Tout **m'afflige** et **me nuit, et conspire à me nuire**»
> (v. 161).

Les figures d'atténuation ou d'omission (euphémisme, litote, ellipse, suspension)

Selon certains spécialistes, l'atténuation constitue une caractéristique importante du classicisme français, et de l'œuvre de Racine en particulier. Par respect des bienséances et pour ne pas choquer le public, les auteurs emploient des formulations adoucies; la périphrase et la métonymie, bien qu'elles appartiennent à une autre catégorie, jouent souvent un rôle d'atténuation.

Euphémisme :

> «Il faut **perdre** Aricie […]» (v. 1259).

«Perdre» plutôt que *tuer, faire périr.*

Litote :

> «Mais cet empire si grand, si glorieux,
> **N'est pas de vos présents le plus cher à mes yeux**»
> (v. 575-576).

Pour éviter de prononcer le mot *amour.*

Ellipse :

> «Je te l'ai prédit; mais **tu n'as pas voulu**» (v. 835).

Par ellipse, *me croire,* ou *me laisser agir à ma guise.*

Suspension :
> «Je le vois, je lui parle ; et mon cœur... Je m'égare»
> (v. 629).

Les figures d'analogie (comparaison, métaphore,
personnification, allégorie)

Comparaison :
> «Je le vois comme un monstre effroyable à mes
> yeux» (v. 884).

Métaphore :
> «Le crime d'une mère est un pesant fardeau» (v. 864).

Personnification :
> «Le flot, qui l'apporta, recule épouvanté» (v. 1524).

Les figures de substitution (métonymie, périphrase,
hypallage)

Métonymie :
> «Si vous voulez partir, la voile est préparée» (v. 721).

«La voile» plutôt que *le bateau*.

Périphrase :
> «La fille de Minos et de Pasiphaé» (v. 36).

C'est-à-dire *Phèdre*. C'est là un procédé très fréquent, les personnages étant souvent désignés par des périphrases relatant leurs exploits ou leur ascendance. Phèdre est «La veuve de Thésée» (v. 702) ou le «digne sang de Minos» (v. 755) ; Hippolyte est «Ce fils qu'une Amazone a porté dans son flanc» (v. 204), «le fils d'une Scythe» (v. 210) ou le «Digne fils du héros qui [lui] a donné le jour» (v. 700) ; Aricie est la sœur des Pallantides (v. 1262), Thésée est le «fils d'Égée» (v. 269), etc.

Hypallage :
> «Et quitte le séjour de l'aimable Trézène» (v. 2).

C'est le séjour à Trézène qui est aimable ou agréable, et non la ville elle-même.

Constructions diverses

INVERSION :

«J'entends : **de vos douleurs la cause** m'est connue»
(v. 37).

La cause de vos douleurs m'est connue. Procédé favorisant
la rime ou un style élégant. Autre exemple : «D'un incurable
amour remèdes impuissants !» (v. 283) : *il s'agissait de
remèdes impuissants à guérir un amour incurable.* Notez de
surcroît la présence de l'antithèse «incurable»/«remèdes».

ANTÉPOSITION :

«J'ignore jusqu'aux lieux **qui le peuvent cacher**» (v. 7).

Qui peuvent le cacher. Au XVIIe siècle, on pouvait placer
le pronom personnel devant le semi-auxiliaire («pouvoir»,
«devoir», «vouloir», «aller», etc.) ou devant le verbe l'ac-
compagnant. De même, au vers 8, on a «l'allez-vous donc
chercher ?» pour *allez-vous donc le chercher ?*

JUGEMENTS SUR L'ŒUVRE

Connaissant le caractère irritable de son ami Racine,
Boileau lui écrit quelques vers pour lui conseiller de ne pas
s'émouvoir de la cabale que suscite *Phèdre,* car il sait que la
postérité reconnaîtra en cette pièce un chef-d'œuvre :

«Et lors d'une Cabale
Un flot de vains auteurs follement te ravale,
Profite de leur haine, et de leur mauvais sens :
Ris du bruit passager de leurs cris impuissants.
Que peut contre tes vers une ignorance vaine ?
Le Parnasse français ennobli par ta veine
Contre tous ces complots saura te maintenir,
Et soulever pour toi l'équitable Avenir.
Et qui voyant un jour la douleur vertueuse
De Phèdre malgré soi perfide, incestueuse,
D'un si noble travail justement étonné,
Ne bénira d'abord le siècle fortuné,

Qui rendu plus fameux par tes illustres veilles,
Vit naître sous ta main ces pompeuses merveilles ?»

Nicolas Boileau (1636-1711), *Épître VII (à M. Racine)*,
v. 71-84.

«Je ne puis vous dire l'excès de l'agrément de cette pièce
[*Esther*] ; c'est une chose qui n'est pas aisée à représen-
ter, et qui ne sera jamais imitée ; c'est un rapport de la
musique, des vers, des chants, des personnes, si parfait
et si complet, qu'on n'y souhaite rien [de plus…]. On
est attentif, et on n'a point d'autre peine que celle de
voir finir une si aimable pièce ; tout y est simple, tout
y est innocent, tout y est sublime et touchant : […]
[tous les éléments] mis dans le sujet sont d'une beauté
qu'on ne soutient pas sans larmes.»

Madame de Sévigné (1626-1696), *Lettres choisies*,
21 février 1689, p. 105.

«Notre volonté même, et nos conseils, selon cette doctrine [le jansénisme] sont à la merci de Dieu : nous
sommes libres, nous le sentons, et nous croyons l'être,
et pourtant il y a nombre de cas où nous sommes
poussés : terrible mystère ! Phèdre, avec sa douleur
vertueuse, pourrait être ajoutée, dans le *Traité du libre
arbitre* de Bossuet, comme preuve que souvent on agit
contre ses désirs, qu'on désire contre sa volonté, et
qu'on veut malgré soi.»

Charles Augustin Sainte-Beuve, (1804-1869),
cité par Auguste Bailly, p. 253.

«Alors que chez Corneille ou Molière, la scène est un
carrefour passager qui permet et force les rencontres
d'occasion, elle est chez Racine le sanctuaire de
famille, ou la cage centrale. Les héros s'y rencontrent
rarement exprès, ils s'y heurtent sans cesse. Une scène
chez Corneille est un rendez-vous officiel où l'on

discute avec l'espoir d'une transaction. Chez Racine, c'est l'explication qui clôt provisoirement une série d'allées et venues de bêtes en fureur.»

Jean Giraudoux (1882-1944), *Racine*, p. 42-43.

«Le miracle de *Phèdre* est d'exprimer, en quelques centaines de vers, les plus beaux qu'aucun homme ait jamais conçus, les deux aspects du même amour qui tourmente les humains. Le plus simple amour, d'abord; car, en dépit de la fable, rien de moins criminel que le trouble de Phèdre; rien de réel ne répond à ce mot affreux d'inceste, puisque le sang de Phèdre ne coule pas dans les veines d'Hippolyte. […] Mais Racine veut que sa dénonciation atteigne un autre aspect de la passion humaine. Si le sang ne lie pas Hippolyte à la femme de Thésée, il suffit que l'infortunée se croit incestueuse pour l'être en effet; en amour, c'est souvent la loi qui crée le crime.»

François Mauriac (1885-1970), *La Vie de Jean Racine*,
p. 132-133.

«Du point de vue humain, le rôle de Phèdre renferme les plus beaux cris de passion et les plus désespérés qu'ait jamais conçus l'âme d'un poète. Du point de vue religieux, il met en scène, avec une puissance qui nous subjugue, le drame de la liberté de l'homme, de sa volonté et de la prescience divine, de la grâce accordée ou refusée selon d'incompréhensibles décrets.»

Auguste Bailly, *Racine*, 1949, p. 257.

La théorie de Roland Barthes est que *Phèdre* est la tragédie de l'affrontement entre le silence et la parole, entre le secret et l'aveu :

«C'est donc bien Hippolyte le personnage exemplaire de *Phèdre* (je ne dis pas le personnage principal), il est vraiment la victime propitiatoire, en qui le secret et sa rupture atteignent en quelque sorte leur forme la plus gratuite ; et par rapport à cette fonction mythique du secret brisé, Phèdre elle-même est un personnage impur : son secret, dont l'issue est en quelque sorte *essayée* à deux reprises, est finalement dénoué à travers une confession étendue ; en Phèdre, la parole retrouve *in extremis* une fonction positive : elle a le temps de mourir, il y a finalement un accord entre son langage et sa mort, l'un et l'autre ont la même mesure (alors que le dernier mot est même volé à Hippolyte).»

Roland Barthes (1915-1980), *Sur Racine*, p. 121.

La Thébaïde ou les Frères ennemis.

Plongée

DANS
L'ŒUVRE

Iphigénie.

Questions sur l'œuvre

Acte I

Compréhension

1. À quel personnage correspondent les descriptions suivantes ?
   Un même personnage peut être présenté plusieurs fois.
   a) «La fille de Minos et de Pasiphaé» (v. 36).
   b) «Une femme mourante, et qui cherche à mourir ?» (v. 44).
   c) «Reste d'un sang fatal conjuré contre [la famille de Thésée]»
   (v. 51).
   d) «Attaché près [d'Hippolyte] par un zèle sincère, / [Il lui]
   contai[t] alors l'histoire de [s]on père» (v. 73 et 74).
   e) «[…] savant dans l'art par Neptune inventé» (v. 131).
   f) «La reine» (v. 144).
   g) «Ce fils qu'une Amazone a porté dans son flanc» (v. 204).
   h) Elle sert Phèdre depuis la naissance de celle-ci (v. 234).
   i) Le «fils d'Égée» (v. 269).
   j) Elle annonce à la reine et à sa servante la mort de Thésée
   (v. 324).

2. Dans quel but Hippolyte désire-t-il quitter la ville de Trézène
   (v. 1 à 7) ?

3. Théramène juge inutile le voyage que veut entreprendre
   Hippolyte. Trouvez les deux raisons qu'il évoque pour
   l'empêcher de partir (v. 8 à 14 et v. 17 à 21).

4. Qu'est-ce qui permet à Thésée d'avoir de nombreuses aventures
   amoureuses et qui empêche Hippolyte, selon ce dernier,
   d'imiter son père en ce domaine (v. 97 à 100) ?

5. Qu'est-ce qui empêche Hippolyte d'aimer Aricie (v. 103 à 111) ?

6. De qui Phèdre parle-t-elle lorsqu'elle prononce les paroles
   suivantes ?
   > «Noble et brillant auteur d'une triste famille,
   >   Toi, dont ma mère osait se vanter d'être fille» (v. 169 et 170).

7. Quels sont les trois arguments d'Œnone pour tenter d'empêcher
   sa maîtresse de mettre fin à sa vie (v. 197 à 199) ?

8. Qui sont les trois prétendants à la succession de Thésée (v. 325
   à 330) ?

9. Selon Œnone, pourquoi n'y a-t-il plus rien de répréhensible à aimer Hippolyte (v. 350 à 354) ?

10. Ignorant les sentiments d'Hippolyte, Œnone voit une ennemie commune à ce dernier et à Phèdre. De qui s'agit-il (v. 361 et 362) ?

Observation des éléments thématiques et stylistiques

11. Trouvez des exemples de périphrases employées pour désigner :
    a) Aricie (v. 50 à 60 et v. 325 à 335) ;
    b) Hippolyte (v. 50 à 60, v. 200 à 210 et v. 260 à 270) ;
    c) Thésée (v. 10 à 20 et v. 315 à 325) ;
    d) les conquêtes amoureuses de Thésée (v. 85 à 95) ;
    e) la ville d'Athènes (v. 355 à 365).

12. Œnone emploie un vocabulaire clairement dépréciatif lorsqu'elle parle d'Hippolyte. Relevez-en quelques exemples et expliquez comment cela nous éclaire sur sa perception du jeune prince. Expliquez également ce que cela révèle de la personnalité de la servante.

13. À l'opposé, Théramène emploie des termes appréciatifs ou neutres pour parler du fils de Thésée. Relevez-en quelques exemples et expliquez sa perception du jeune prince. Comment, à la lumière de ces faits, peut-on qualifier la relation entre Théramène et Hippolyte ?

14. Relevez le vocabulaire employé par Théramène entre les vers 37 et 47 pour parler de Phèdre. À l'aide de ce relevé, expliquez quelle est sa perception de la reine ?

15. Par quelles expressions précises Hippolyte et Théramène transmettent-ils une impression favorable d'Aricie entre les vers 48 et 65 ?

16. Que nous apprend la tirade de Théramène (v. 114 à 137) au sujet du caractère d'Hippolyte ? Relevez des expressions associées à chacun des aspects de sa personnalité que vous aurez établis.

Débats ou exercices d'écriture

17. Donnez une raison justifiant que l'action se situe à Trézène plutôt qu'à Athènes.

18. Exposez le rôle d'Œnone dans le premier acte et identifiez au moins trois de ses attitudes auprès de Phèdre.

19. Donnez deux raisons pour lesquelles Hippolyte se sent coupable d'aimer Aricie.

20. Donnez deux raisons pour lesquelles Thésée refuserait le mariage d'Hippolyte et d'Aricie.

21. Selon Œnone, Phèdre n'a ni mangé ni dormi depuis trois jours et elle se dirige avec certitude vers la mort. Quels arguments la servante utilise-t-elle pour tenter d'empêcher sa maîtresse de mettre fin à sa vie ? Donnez trois de ces arguments.

22. Œnone met en garde la reine que sa mort servirait les projets politiques de ses ennemis. Nommez les ennemis de la reine. En vous appuyant entre autres choses sur des répliques d'Œnone et sur celles d'autres personnages, identifiez les projets politiques de ces ennemis. Justifiez votre réponse.

23. Aux vers 40 à 48, Hippolyte et Théramène présentent de Phèdre l'image d'une marâtre haineuse dont l'hostilité s'acharne sur Hippolyte. Après avoir lu les vers 268 à 317, expliquez les raisons qui poussent la reine à s'acharner sur le fils de son époux. Le spectateur-lecteur peut-il conserver l'image initiale de Phèdre qui lui avait été transmise ?

24. La mauvaise nouvelle apportée par Panope constitue le premier rebondissement de la pièce, car Hippolyte et Phèdre devront agir d'une manière tout à fait différente de ce qu'ils avaient prévu. Montrez ce qui différencie les projets et comportements des deux personnages avant et après l'annonce de la mort de Thésée.

25. Quant à Œnone, elle considère l'annonce de la mort de Thésée comme une raison devant stimuler davantage Phèdre à rester en vie. Quels arguments utilise-t-elle pour convaincre la reine ?

26. Au vers 335, Œnone coupe la parole à Panope («Panope, c'est assez»). Que cherche-t-elle à faire en interrompant ainsi la messagère ?

ACTE II

Compréhension

1. Qui annonce à Aricie qu'Hippolyte éprouve des sentiments pour elle (v. 371 et 372 et 405 à 414)?

2. Selon Ismène, quelles sont les deux rumeurs qui circulent au sujet de la mort de Thésée (v. 380 à 388)?

3. Toujours selon Ismène, qui bientôt deviendra roi (v. 394)?

4. Pourquoi Hippolyte, au dire d'Ismène, évite-t-il Aricie? Comment Ismène interprète-t-elle la froideur d'Hippolyte envers sa maîtresse (v. 405 à 414)?

5. Combien de frères Aricie a-t-elle perdu à la guerre (v. 424)?

6. Après lui avoir annoncé la mort de Thésée, Hippolyte apporte à Aricie une bonne nouvelle. Quelle est-elle (v. 474 à 480)?

7. Pourquoi Hippolyte n'est-il pas le premier choix de la Grèce pour succéder à son père (v. 489)?

8. Hippolyte propose un partage du royaume de Thésée. Quelles en sont les parties et qui assurera la conduite de chacune (v. 501 à 507)?

9. Une fois «confirmée» la mort de Thésée, que craint Phèdre en ce qui a trait à la succession de son mari (v. 589 à 594)?

10. Quel dieu protège Thésée (v. 621 et 622)?

11. Quelle mauvaise nouvelle Théramène annonce-t-il à Hippolyte, à la toute fin de l'ACTE II, concernant la souveraineté à Athènes? Quelle incidence cela aura-t-il sur les plans d'Hippolyte?

Observation des éléments thématiques et stylistiques

12. Entre les vers 370 et 374, Ismène emploie la deuxième personne du pluriel, puis la troisième personne du singulier pour désigner Aricie. Que marque ce changement de personne grammaticale? Aricie, quant à elle, emploie toujours la deuxième personne du singulier lorsqu'elle s'adresse à Ismène. Comment interpréter ces différences dans l'emploi des pronoms?

13. Entre les vers 367 et 462, le mot «cœur» apparaît quatre fois et «courage», deux fois. Les deux mots ont-ils toujours le même sens? Peut-on y associer une connotation?

14. Aux vers 380 à 391, quelles périphrases désignent les morts et le lieu où ils vivent ?

15. Dans sa longue tirade de la SCÈNE 1 (v. 415 à 462), Aricie privilégie les figures d'insistance (répétition, redondance, accumulation, etc.). Relevez-les et expliquez-en la valeur.

16. Entre les vers 465 et 470, Hippolyte utilise trois expressions distinctes pour dire que Thésée est mort. Quelles sont-elles ? Dans quelle catégorie de procédés stylistiques peut-on classer chacune d'elles ?

17. Aux vers 509 à 518, Aricie manifeste de l'étonnement devant le projet d'Hippolyte de partager le royaume de son père. Quels moyens stylistiques l'auteur emploie-t-il pour bien faire saisir son étonnement ?

18. Dans toute la SCÈNE 2, l'auteur dresse un portrait d'Hippolyte qui correspond au profil de l'«honnête homme». Donnez-en les caractéristiques.

19. «J'accepte tous les *dons*» (v. 574). Quelle connotation Aricie donne-t-elle au mot «don» ? Que sous-entend-elle ? Quel est pour elle le présent «le plus cher à [s]es yeux» (v. 576) ?

20. «Souvenez-vous d'un fils qui n'espère qu'en vous» (v. 583). Cette réplique d'Œnone comporte une ambiguïté. De quel fils s'agit-il ? Phèdre réutilise le mot «fils» au vers 586. Est-il ici aussi ambigu ? Et au vers 587 ?

21. Quelle est la connotation du mot «soin» au vers 617 ? La réponse d'Hippolyte laisse-t-elle croire qu'il a compris l'allusion (v. 618 à 622) ?

22. Entre les vers 627 et 666, Phèdre donne des indices clairs concernant la personne de qui elle est amoureuse. Relevez-les.

Débats ou exercices d'écriture

23. Dans la SCÈNE 1, peut-on dire qu'Aricie est mièvre (qu'elle exprime des sentiments naïfs par des paroles doucereuses) ou qu'elle est plutôt stoïque et inébranlable, tant dans le malheur que dans le bonheur ?

24. Peut-on affirmer que, dans la SCÈNE 2, amour et monarchie (situation politique) sont indissociables ?

25. Que veut dire Phèdre lorsqu'elle déclare à Hippolyte «Vous m'avez vue attachée à vous nuire» (v. 597) ? Comment peut s'expliquer cette remarque dans le contexte d'une déclaration d'amour ?

26. Expliquez le sens de la phrase suivante : «Je ne puis sans horreur me regarder moi-même» (v. 718). Pourquoi Hippolyte se verrait-il lui-même avec horreur ? Après tout, il n'a rien fait de mal…

ACTE III

Compréhension

1. Quel sentiment Phèdre exprime-t-elle dans les premiers vers de l'ACTE III ?

2. Quel conseil Œnone donne-t-elle à sa maîtresse au lieu de continuer à se complaire dans son malheur ?

3. Phèdre dit qu'elle ne peut exercer le pouvoir. Pourquoi ?

4. Aux vers 781 à 786, Phèdre défend Hippolyte contre les attaques de sa servante. Quels arguments utilise-t-elle en faveur de celui-ci ?

5. Puisqu'elle n'a pas su attirer Hippolyte par l'amour, Phèdre imagine une autre façon de le convaincre d'accepter leur union. Quelle stratégie adopte-t-elle ?

6. Jusqu'où Œnone pourra-t-elle aller pour convaincre Hippolyte ?

7. Après l'avoir convaincue de déclarer son amour à Hippolyte, Œnone enjoint maintenant Phèdre de le refouler. Quel événement est à l'origine de ce revirement de situation ?

8. Comment Phèdre entrevoit-elle sa première rencontre avec son mari ? Comment entrevoit-elle la rencontre entre Hippolyte et son père ?

9. Comment Phèdre entrevoit-elle l'avenir de ses enfants ?

10. Quels arguments Œnone emploie-t-elle pour convaincre Phèdre de ne pas mourir même si son époux a réapparu ?

11. Œnone, qui jusqu'à présent a donné des conseils inspirés de la raison à sa maîtresse, adopte une attitude plus perverse ou diabolique à partir du vers 886. Quels sont les «mauvais» conseils de la servante ?

12. Plutôt que de laisser Phèdre être accusée d'infidélité par Hippolyte, Œnone accusera Hippolyte lui-même. Quelle «preuve» présentera-t-elle à Thésée de la culpabilité d'Hippolyte?

13. Que signifie la phrase «Mon zèle n'a besoin que de votre silence» (v. 894)?

14. Œnone éprouve quand même du remords à accomplir une tâche aussi vile que d'accuser Hippolyte. Comment justifie-t-elle le fait qu'elle le fera tout de même?

15. Sous quel prétexte Phèdre rejette-t-elle les marques d'affection de Thésée au moment de leur première rencontre?

16. Hippolyte annonce à son père qu'il veut partir; quel est le but de son voyage?

17. Pourquoi Thésée a-t-il quitté son royaume il y a six mois?

18. Comment Pirithoüs meurt-il?

19. Où Thésée a-t-il passé les six derniers mois? (Cela explique pourquoi il n'a pas pu donner de ses nouvelles.)

20. Comment Thésée se venge-t-il du roi d'Épire?

Observation des éléments thématiques et stylistiques

21. Repérez les métonymies dans les vers suivants afin d'en expliquer le sens: «Toi-même rappelant ma force défaillante, / Et mon âme déjà sur mes lèvres errante, / Par tes conseils flatteurs, tu m'as su ranimer» (v. 769-771).

22. Œnone a déjà exprimé sa pensée sur Hippolyte (par exemple, aux vers 202 à 205: «au fils de l'étrangère, / À ce fier ennemi de vous, de votre sang, / Ce fils qu'une Amazone a porté dans son flanc, / Cet Hippolyte…»); mais elle commence à être plus claire à l'ACTE III. Relevez les expressions qu'elle utilise entre les vers 776 et 779 ainsi qu'au vers 787 pour le décrire, et identifiez les procédés stylistiques utilisés.

23. Dans son plaidoyer à Vénus (v. 813 à 823), Phèdre exige le concours de la déesse. Que lui demande-t-elle de faire pour l'aider à mener à terme ses projets? Dans ce passage, repérez les figures d'opposition, d'amplification et de substitution.

24. Bien que se sentant coupable d'un amour interdit, Phèdre n'est pas sans honneur. Démontrez-le par des passages tirés des vers 849 à 860.

25. Entre les vers 922 et 952, Hippolyte lui-même prononce des paroles qui justifieront le bannissement que Thésée prononcera à son endroit plus tard. Trouvez les phrases qui contiennent un double sens ou une ambiguïté permettant une interprétation fautive de la part de Thésée.

26. Des vers 980 à 984, le roi accumule les phrases interrogatives ; que traduisent-elles ?

27. Expliquez les sens possibles du vers suivant : «Phèdre, toujours en proie à sa fureur extrême» (v. 989).

Débats ou exercices d'écriture

28. Phèdre ignore qu'Hippolyte a déclaré son amour à Aricie, et pourtant elle déclare : «Je ne me verrai point préférer de rivale» (v. 790). Comment peut-on interpréter cette déclaration ?

29. Comment la population accueille-t-elle le retour du roi (v. 829 à 831) ? Comparez cet accueil avec celui de sa famille, tel que le constate Thésée aux vers 921 et 953 à 956.

30. Alors qu'elle était, il y a quelques instants encore, amoureuse d'Hippolyte, Phèdre affirme soudain le voir «comme un monstre effroyable à [s]es yeux» (v. 884). Comment expliquer ce changement d'attitude ? Comparez cette expression avec celles qu'elle a utilisées entre les vers 700 et 705 pour se décrire elle-même. Peut-on affirmer que Phèdre croit que ces deux monstres sont faits pour vivre ensemble ?

31. Que veut dire Thésée lorsqu'il affirme qu'il «voudrai[t] être encor dans les prisons d'Épire» (v. 978) ?

Acte iv

Compréhension

1. Quel personnage de la pièce porte formellement auprès de Thésée l'accusation contre Hippolyte ?

2. Quelle punition Thésée inflige-t-il à Hippolyte pour le crime dont il le croit coupable ?

3. Quelle divinité Thésée implore-t-il de l'aider à punir Hippolyte pour son crime ?

4. Quels sont les deux personnages qu'Hippolyte évoque pour prouver son honnêteté et la valeur de l'éducation qu'il a reçue ?

5. Lorsqu'il est mis en accusation par Thésée, quels arguments Hippolyte utilise-t-il pour clamer son innocence ?

6. Expliquez pourquoi Thésée voit la culpabilité d'Hippolyte dans le fait qu'il n'a jamais eu d'amoureuse.

7. Que répond Thésée quand Hippolyte lui avoue aimer Aricie, non Phèdre ?

8. En désespoir de cause, voyant que son père refuse de le croire sincère, Hippolyte se décide à employer un argument contre Phèdre, sans la mettre en cause directement. Quel est-il ?

9. Qui apprend à Phèdre qu'Hippolyte en aime une autre ? Dans quelles circonstances ?

10. Phèdre aurait peut-être informé Thésée qu'Hippolyte n'était pas coupable, mais elle ne l'a pas fait. Qu'est-ce qui l'en a empêché ?

11. Après avoir appris qu'Hippolyte en aime une autre, sur qui Phèdre fait-elle le projet d'exercer sa vengeance ?

12. Phèdre voue Œnone à «la colère céleste» (v. 1326). Pourquoi en veut-elle à celle qui a tout fait pour lui sauver la vie ?

Observation des éléments thématiques et stylistiques

13. Quels moyens stylistiques l'auteur met-il en œuvre pour bien faire ressortir la colère de Thésée entre les vers 1001 et 1008 ?

14. Le mot «furieux» (v. 1015) a-t-il le même sens que le mot «fureur» dans les vers ci-dessous ? Expliquez les différences de sens dans les diverses expressions.

    a) «De l'amour j'ai toutes les fureurs» (v. 259).

    b) «Hé bien ! connais donc Phèdre et toute sa fureur» (v. 672).

    c) «Mes fureurs au-dehors ont osé se répandre» (v. 741).

    d) «Sers ma fureur, Œnone, et non point ma raison» (v. 792).

    e) «Jusqu'au lit de ton père a porté sa fureur» (v. 1048).

15. Œnone ne répond pas directement aux questions de Thésée (v. 1013, 1028 et 1031). Dans ses répliques de la SCÈNE 1, examinez les procédés qu'elle emploie à la fois pour susciter le doute chez Thésée et pour confirmer les pires craintes de celui-ci.

16. Dans les vers 1035 à 1040, plusieurs procédés sont semblables à ceux employés par Thésée aux vers 1001 à 1008. Ces moyens stylistiques traduisent-ils la même idée ? Ont-ils la même valeur ?

17. Dans la SCÈNE 2, relevez les adjectifs qualificatifs qu'emploie Thésée pour désigner Hippolyte. Les termes sont-ils appréciatifs ou dépréciatifs ? Dans quelles circonstances emploie-t-il des termes appréciatifs ?

18. Dans ce dialogue entre Thésée et d'Hippolyte, le roi dévalorise son fils alors que celui-ci tente de se défendre en faisant ressortir les aspects positifs de sa personnalité. Montrez les principaux procédés grâce auxquels l'un et l'autre présentent leur point de vue (outre, évidemment, le vocabulaire appréciatif et dépréciatif).

19. Malgré une colère qui l'amènera à punir son fils et même à réclamer l'aide d'un dieu, Thésée éprouve du remords, se demande s'il n'est pas allé trop loin. Relevez les éléments stylistiques, en particulier les procédés syntaxiques et de ponctuation, ainsi que les figures d'opposition et d'amplification, qui traduisent son chagrin dans les SCÈNES 3 et 4.

20. Identifiez les procédés qu'emploie Phèdre dans son plaidoyer pour sauver Hippolyte (v. 1167 à 1174).

Débats ou exercices d'écriture

21. «Le silence de Phèdre épargnait le coupable» (v. 1013). Comparez ce passage avec «Mon zèle n'a besoin que de votre silence» (v. 894). À votre avis, le silence aurait-il pu sauver la famille de Thésée du désastre ? N'aurait-il pas plutôt augmenté les animosités à long terme ? Peut-on dire que c'est ce qu'a tenté de faire Hippolyte en ne révélant pas entièrement la perfidie de Phèdre à Thésée ?

22. Hippolyte s'est présenté à Aricie comme «un prince déplorable» (v. 529), et Œnone emploie le même adjectif pour décrire Thésée (v. 1014). En quoi le père et le fils sont-ils à plaindre ? Jusqu'à quel point se ressemblent-ils ? Peut-on dire que c'est le fait qu'ils se ressemblent trop qui les pousse à s'opposer si violemment l'un à l'autre ?

23. Si les perceptions du père et du fils sont si diamétralement opposées (SCÈNE 2), peut-on dire que le spectateur assiste à un dialogue de sourds ? L'un des deux écoute-t-il *vraiment* l'autre ? Le fils obéit-il sincèrement au père ?

24. Pourquoi Thésée n'écoute-t-il pas les arguments que lui présente son fils pour se défendre ? Pourquoi, à l'opposé, est-il si réceptif à ceux d'Œnone pour l'accuser ?
25. Croyez-vous la défense d'Hippolyte suffisamment vigoureuse ? A-t-il été assez convaincant ? Aurait-il pu l'être davantage ? Quels arguments n'a-t-il pas utilisés ?

ACTE V

Compréhension

1. Pourquoi Hippolyte ne retourne-t-il pas, comme le lui demande Aricie, voir Thésée pour se défendre ?
2. Pourquoi Aricie ne pourra-t-elle rien révéler sur la passion de Phèdre pour Hippolyte ?
3. Où Hippolyte trouvera-t-il des appuis pour traverser la rude épreuve que l'exil lui impose ?
4. Pourquoi Aricie hésite-t-elle à fuir en exil avec Hippolyte ?
5. Que feront Hippolyte et Aricie dans «un temple sacré formidable» (v. 1394) ?
6. Quel argument d'Aricie a réussi à faire douter Thésée de la culpabilité de son fils ?
7. Comment Œnone meurt-elle ?
8. Quel est le comportement de Phèdre après la mort d'Œnone ?
9. Qui annonce la mort d'Hippolyte à Thésée ?
10. Comment Hippolyte meurt-il ?
11. Quelle a été la réaction des amis d'Hippolyte quand ils ont vu le monstre surgi des eaux ?
12. Quelle a été la réaction d'Hippolyte en apercevant ce monstre ?
13. Quelles sont les dernières volontés d'Hippolyte ?
14. Comment Phèdre meurt-elle ?
15. Que fera Thésée d'Aricie ?

Observation des éléments thématiques et stylistiques

16. La SCÈNE 1 est l'une des seules de la pièce où l'on perçoit une lueur d'espoir. Pendant un instant, on se prend à espérer que les deux amoureux réussiront à fuir et à s'aimer. Relevez les indices qui permettent au lecteur de croire possible cet amour que tout paraît réprouver.

17. Quels éléments permettent de confirmer qu'Aricie et
    Hippolyte respectent les bienséances, qu'ils sont d'une
    irréprochable pudeur, même s'ils s'enfuient ensemble ?

18. Dans la SCÈNE 2, Aricie semble bien moins que précédemment
    une jeune fille naïve. Démontrez-le en examinant son
    comportement face à Thésée.

19. Quels procédés Aricie utilise-t-elle (v. 1427 à 1450) pour
    insuffler le doute chez Thésée, lequel semblait pourtant bien
    convaincu de la culpabilité d'Hippolyte ?

20. Dans le récit de Théramène (v. 1503 à 1598), on peut déceler
    des indices de plusieurs tonalités. Donnez des exemples des
    tonalités suivantes : tragique, lyrique, épique (ou héroïque),
    fantastique (ou merveilleuse).

21. Posant un regard moderne sur l'attaque du monstre (v. 1507 à
    1550), on ne peut voir la scène comme «réaliste». Pourtant,
    elle respecte la notion de «vraisemblance» telle qu'elle est
    définie à l'époque classique pour la tragédie. Qu'est-ce qui
    rend cette scène «vraisemblable» au sens du XVIIe siècle ?

22. Par quels procédés l'aveu final de Phèdre (v. 1622 à 1644)
    est-il rendu convaincant ?

Débats ou exercices d'écriture

23. Pourquoi Hippolyte fait-il confiance à la justice divine ? Ne
    serait-il pas préférable qu'il accomplisse des actions, tente
    quelque chose de concret ? Ou, au contraire, croyez-vous qu'il
    espère que le temps finira par arranger les choses ?

24. Selon vous, si Aricie et Hippolyte unissent leur vie au temple,
    la morale est-elle sauve ? Leur mariage par consentement
    mutuel est-il suffisant pour respecter les strictes convenances
    des spectateurs du XVIIe siècle ?

25. Aricie aurait-elle dû révéler la vérité à Thésée malgré l'interdic-
    tion d'Hippolyte ? Quelles auraient été les conséquences si elle
    l'avait fait ? Sont-elles en définitive plus ou moins importantes
    que celles qui découlent de son silence ? Peut-on croire que, de
    toute manière, il aurait été trop tard pour sauver la situation ?

26. Trois personnages meurent. La mort de l'un vous paraît-elle
    plus tragique ? Quels aspects vous touchent le plus ? Si l'une
    des morts vous touche moins, dites pourquoi.

27. Aricie ayant été la quasi-esclave de Thésée depuis l'assassinat de sa famille, peut-on croire possible la réconciliation entre les deux ? La mort d'Hippolyte risque-t-elle de les éloigner ou, au contraire, favorise-t-elle un rapprochement ? Peut-on croire que l'adoption de Thésée est sincère ou plutôt intéressée ? Dans le dernier cas, donnez-en les motifs possibles.

Sujet d'analyse

28. On peut distinguer, aux vers 1498 à 1570, trois étapes dans la narration que fait Théramène de la mort d'Hippolyte : la fuite silencieuse de la troupe qui s'exile ; l'apparition du monstre et le combat ; enfin, l'agonie d'Hippolyte. Analysez ces trois aspects en faisant ressortir les procédés stylistiques mis en évidence dans chaque section de ce passage.

SUJETS PORTANT SUR L'ENSEMBLE DE L'ŒUVRE

1. Le drame de Phèdre tient plus du fait divers que de la tragédie. Cette histoire d'une femme dont l'amour est rejeté ne devient tragédie que parce que Racine a su évoquer tous les déchirements dont l'amour est la cause. Êtes-vous d'accord avec ce point de vue ? Justifiez votre réponse en vous appuyant sur des passages significatifs de l'œuvre.

2. S'il est vrai que Phèdre est une amoureuse passionnée mais rejetée, son ambition et sa situation sociale font aussi partie de ses motivations. Montrez que tout cela l'incite à s'acharner sur un amour qu'elle reconnaît elle-même comme impossible.

3. Phèdre, Hippolyte, Œnone et même Thésée sont des égoïstes dont les mobiles sont avant tout intimes, intérieurs. Êtes-vous d'accord avec cette affirmation ? Justifiez votre réponse.

4. La Bruyère affirme que «Corneille a peint les hommes tels qu'ils devraient être et [que] Racine les a peints tels qu'ils sont». *Phèdre* est-elle une pièce de théâtre réaliste ? Si oui, par quels aspects ?

5. Phèdre croit-elle vraiment qu'un amour entre elle et le fils de son époux est possible, qu'elle puisse l'aimer et en être aimée, et qu'ils puissent ensemble succéder à Thésée ? Fait-elle preuve de lucidité ou d'aveuglement face à la situation décrite ?

6. Dans *Le Dieu caché*, une étude de l'œuvre de Racine, Lucien Goldmann affirme que «pour vivre, il faut renoncer à ce qui est hors de notre atteinte et choisir ce que nous pouvons avoir». Êtes-vous d'accord avec cette affirmation à la lumière des personnages morts (Phèdre, Hippolyte et Œnone) et vivants (Thésée et Aricie)? Justifiez votre point de vue.

7. On a beaucoup parlé de l'opposition entre la raison et la passion dans l'œuvre de Racine. Peut-on dire que Phèdre, malgré les perturbations d'un amour fou et immoral, reste une femme raisonnable, consciente de son devoir, de son rôle et de ses limites?

8. Identifiez clairement la scène où, selon vous, la pièce bascule du côté tragique. Justifiez votre point de vue grâce aux événements antérieurs et postérieurs.

9. Lisez la section consacrée à la tragédie et aux règles classiques de composition (voir pages 137 à 141). Démontrez que *Phèdre* respecte toutes les conventions du classicisme en illustrant votre propos d'exemples clairs tirés de la pièce.

Extraits 1 et 2

Extrait 1 – acte i, scène 1, vers 65 à 113

Compréhension

1. Hippolyte se voit comme un homme fier. Quelle est l'origine de cette fierté ?

2. Quels aspects de la vie de Thésée Hippolyte admire-t-il ? Donnez des précisions.

3. À quel héros de la mythologie Hippolyte compare-t-il son père ? Que suggère cette comparaison au sujet de l'autorité de Thésée ?

4. Donnez le nom de trois femmes que Thésée a séduites.

5. Quel «obstacle éternel» empêche Hippolyte d'aimer Aricie ?

Observation des éléments thématiques et stylistiques

6. Hippolyte répond-il vraiment à la question de Théramène («Aimeriez-vous, Seigneur ?») dans cet extrait ?

7. Relevez les champs lexicaux liés aux sous-thèmes suivants :
   a) la fierté qu'inspire l'héroïsme de Thésée à Hippolyte ;
   b) le déshonneur qu'il voit dans le fait que son père sème son amour à tous vents ;
   c) l'interdiction imposée par son père d'aimer une ennemie de la famille.

8. Dans cet extrait, Hippolyte ne prononce jamais le mot «amour» avant le dernier vers. Quels termes, expressions et périphrases utilise-t-il à la place de ce mot ?

9. Hippolyte emploie un vocabulaire très valorisant dans certaines parties de l'extrait. Relevez les termes appréciatifs et classez-les en fonction des personnages auxquels ils sont attribués. À l'opposé, trouve-t-on des termes dépréciatifs ? Faites le même exercice pour ces derniers.

10. Dès les premières lignes, Hippolyte emploie des phrases interrogatives plutôt que de répondre directement à Théramène. Examinez les vers 95 à 112 et expliquez ce que la ponctuation interrogative révèle.

11. L'extrait se termine sur des points de suspension : que peuvent-ils indiquer ici ?

12. Hippolyte fait une comparaison plutôt désavantageuse entre lui-même et son père, Thésée. Quels procédés emploie-t-il pour souligner son propre désavantage ?

Sujet d'analyse

13. Expliquez pourquoi Hippolyte s'est jusqu'à présent interdit d'aimer et pourquoi l'amour lui est interdit au moment présent et dans l'avenir. Faites ressortir les procédés par lesquels il exprime cette interdiction.

EXTRAIT 2 – ACTE I, SCÈNE 3 vers 269 à 316

Vers l'analyse et la dissertation

14. Montrez comment s'articule l'interdiction d'aimer pour Phèdre dans cet extrait.

D'un extrait à l'autre

15. Hippolyte et Phèdre se voient tous deux confrontés à l'amour impossible. En examinant l'extrait 1 et le présent extrait, peut-on affirmer que l'interdit a la même valeur chez les deux personnages ?

16. À l'aide de ces deux premiers extraits, montrez que l'honneur est au centre des préoccupations de Phèdre et d'Hippolyte.

Extraits 3 et 4

Extrait 3 – acte ii, scène 5, vers 670 à 711

Compréhension

1. De quoi Phèdre parle-t-elle lorsqu'elle affirme qu'Hippolyte l'a «trop entendue»?
2. Phèdre se juge innocente. Qui tient-elle responsable de la passion coupable qu'elle ressent pour son beau-fils?
3. Expliquez ce qu'a fait Phèdre pour repousser ou refouler son amour pour Hippolyte.
4. Qui Phèdre dit-elle ne pas vouloir trahir? De quelle trahison s'agit-il?
5. Quelle est la seule solution que Phèdre envisage pour régler définitivement le problème de quasi-inceste auquel elle est confrontée?
6. De quel objet appartenant à Hippolyte Phèdre se saisit-elle? Donnez deux raisons de l'importance de cet objet.

Observation des éléments thématiques et stylistiques

7. Relevez les champs lexicaux:
   a) de la colère;
   b) de la culpabilité (innocence);
   c) de la haine;
   d) de la faiblesse;
   e) de l'amour;
   f) de la résistance à l'amour;
   g) de la honte;
   h) de la mort.
8. Les mots suivants ont tous au moins deux sens. Expliquez-les brièvement:
   a) «fureur» (v. 672);
   b) «séduire» (v. 682);
   c) «soins» (v. 687);
   d) «cœur» (v. 682, 697, 704).
9. Relevez les figures d'opposition (antithèses, chiasmes et oxymores).
10. Relevez les métonymies.

11. Trouvez les métaphores liées à l'idée d'amour.
12. Observez la ponctuation. Quel effet produisent les nombreuses exclamations et interrogations ?
13. Pourquoi Phèdre compare-t-elle l'amour à un poison ?
14. Relevez le vocabulaire appréciatif et dépréciatif. Pour qui Phèdre emploie-t-elle l'un et l'autre ?
15. Par quelles périphrases et métonymies Phèdre se décrit-elle ?

Sujet d'analyse

16. Racine a fait de Phèdre un «monstre affreux» livré à des passions coupables. Présentez et expliquez la gamme des émotions qui marquent l'évolution de son sentiment de culpabilité dans cet extrait.

Extrait 4 – acte ii, scène 2, vers 518 à 560

Vers l'analyse et la dissertation

17. Relevez les principales étapes de la révélation d'Hippolyte. Quels thèmes se dégagent de cet extrait ?
18. Relevez les champs lexicaux.
19. Le discours d'Hippolyte est d'abord rempli de sous-entendus. Relevez les traces de connotation et les figures d'atténuation dans cette déclaration d'amour.
20. Relevez les figures d'opposition.
21. Au vers 533, Hippolyte évoque les «naufrages». De quoi parle-t-il ? Comment poursuit-il sa pensée par la même métaphore dans les vers suivants ?
22. Cherchez les figures d'insistance et d'amplification. Sur quoi Hippolyte insiste-t-il ?
23. Examinez les temps de verbe. Hippolyte voyage constamment du passé au présent. Comment pouvez-vous expliquer ce passage d'un temps à l'autre ?
24. La dernière phrase contient un verbe au conditionnel. Que suggère-t-il ?
25. Montrez que l'auteur, convaincu que l'homme est le jeu des passions, présente une sombre vision de la condition humaine à travers le portrait qu'il trace d'un Hippolyte amoureux de

celle qui lui est rendue inaccessible par l'interdiction de son père. (Suggestion : on peut lire le paragraphe consacré à Hippolyte (page 192) dans la «Préface» de *Phèdre* que Racine a écrite.

D'un extrait à l'autre

26. Comparez les deux déclarations d'amour suivantes : celle d'Hippolyte à Aricie (extrait 4) et celle de Phèdre à Hippolyte (extrait 3). Faites clairement ressortir les ressemblances et les différences entre les deux, tant sur le plan thématique que stylistique. Par exemple, on peut constater que les deux commencent par une phrase exprimant que le locuteur en a trop dit : «Je me suis engagé trop avant» (v. 524) et «tu m'as trop entendue» (v. 670) ; sur le plan stylistique, les deux vers contiennent l'adverbe de quantité «trop», mais les sujets des verbes sont différents («Je»/«tu»).

Extraits 5 et 6

Extrait 5 – acte iii, scène 1, vers 790 à 824

Compréhension

1. Expliquez comment Phèdre tire parti de sa fidèle servante.
2. Qu'est-ce que Phèdre est prête à offrir à Hippolyte ?
3. Que lui demandera-t-elle en retour ?
4. De quoi Phèdre accuse-t-elle Vénus ?
5. Quel souhait adresse-t-elle à la déesse ? Qui ce souhait concerne-t-il ?

Observation des éléments thématiques et stylistiques

6. Expliquez l'antithèse «fureur»/«raison» du vers 792.
7. Relevez les autres antithèses.
8. Relevez les synonymes de «pouvoir» dans cet extrait. Qu'est-ce qu'une liste aussi longue révèle ?
9. Phèdre emploie de nombreux verbes à l'impératif. Classez-les selon leur valeur (ordre, souhait, prière, etc.).
10. D'autres temps et modes verbaux ont une valeur impérative. Quelles autres expressions et propositions contiennent des ordres ?
11. Phèdre fait preuve d'une macabre ironie en traitant la déesse de l'amour de cruelle. Quelles autres expressions sont contraires aux attributs de la déesse Vénus dans les vers 813 à 823 ?

Sujet d'analyse

12. Démontrez que Phèdre est prête à s'abaisser au plus bas pour une reine, et même à en faire agir d'autres à sa place, pour obtenir ce qu'elle veut d'Hippolyte. Justifiez votre réponse aussi bien par les aspects thématiques que stylistiques.

Extrait 6 – acte iii, scène 5, vers 953 à 987

Vers l'analyse et la dissertation

13. Non seulement Thésée vient-il de vivre six mois en prison, mais son retour lui paraît aussi pénible que l'a été sa captivité. En tenant compte de ce qu'il sait et de ce qu'il ignore, montrez qu'il a raison de se sentir trahi.

D'un extrait à l'autre

14. Phèdre et Thésée ont tous les deux des réactions de colère et d'abattement lorsqu'ils apprennent une mauvaise nouvelle ou qu'ils sont déçus de leur situation. Comparez la réaction de Thésée dans le présent extrait avec l'attitude de Phèdre dans la scène de l'extrait 5.

Extraits 7 et 8

Extrait 7 – acte IV, scène 2, vers 1044 à 1133

Compréhension

1. De quoi Thésée accuse-t-il Hippolyte ?
2. Pourquoi Thésée se refuse-t-il à tuer son fils de sa propre main ? Quel châtiment prescrira-t-il plutôt que la mort ?
3. Quelle prière Thésée fait-il à Neptune ?
4. Quelle preuve Thésée détient-il de la perfidie d'Hippolyte ?
5. À quelle fin Hippolyte aurait-il dû utiliser son épée, selon Thésée ?
6. Hippolyte ne peut révéler la vérité à son père sans accuser Phèdre. Quel sera par conséquent son premier argument témoignant de sa propre innocence ?
7. Pourquoi Hippolyte évoque-t-il les noms de Pitthée et d'Antiope. Qu'est-ce que cela apporte à son argumentation ?
8. Expliquez le sens du vers 1110 : «J'ai poussé la vertu jusques à la rudesse».
9. Même s'il ne veut pas intensifier la peine de son père, Hippolyte se sent obligé de lui faire une révélation qui risque de l'offenser. De quoi s'agit-il ?
10. L'amour n'est évoqué comme argument par Hippolyte qu'en tout dernier ressort. Pourquoi Thésée reste-t-il insensible à cet argument ?

Observation des éléments thématiques et stylistiques

11. Dans sa première réplique de l'extrait (v. 1044 à 1076), Thésée emploie trois fois l'impératif «fuis», ce qui semble diviser sa réplique en quatre. Quelle idée transparaît dans chacune de ces quatre parties (v. 1044 à 1052; v. 1053 à 1058; v. 1059 à 1062 et v. 1063 à 1076) ?
12. Relevez les autres verbes à l'impératif. Y voyez-vous des points communs qui permettraient de les regrouper autour de thèmes ?
13. Hippolyte emploie aussi des impératifs. Une fois que vous les aurez relevés, examinez s'ils ont la même valeur.

14. Quels sont les propos de Thésée qui incitent Hippolyte à s'exclamer : «D'un amour criminel Phèdre accuse Hippolyte !» (v. 1077) ?

15. Ce dialogue s'articule autour de trois idées : l'accusation de Thésée, la défense d'Hippolyte et les révélations sur l'amour. Relevez les champs lexicaux liés à ces idées.

16. L'honneur tient un rôle aussi important pour les deux personnages. Identifiez les aspects de l'honneur que chacun des deux privilégie.

17. Hippolyte, totalement confus ou sidéré, emploie de nombreuses figures d'opposition dans ses répliques. Faites-en la liste et le classement.

18. Alors que la tirade de Thésée (v. 1044 à 1076) comportait presque uniquement des verbes au présent (divers modes), Hippolyte (v. 1087 à 1113) emploie, en plus du présent, des verbes au passé. Faites le relevé des verbes employés, et déterminez si les divers temps et modes ont une incidence sur l'efficacité de son argumentation.

19. Le fait que Thésée emploie le «tu» alors qu'Hippolyte emploie le «vous» a-t-il une importance ? Cela influe-t-il sur l'argumentation de chacun ?

20. Observez les phrases affirmatives et négatives dans les répliques de chacun. Qui surtout emploie les unes et les autres ? Sur le plan de la syntaxe et de la construction, faites la différence entre les phrases de Thésée et celles d'Hippolyte.

21. Deux des importantes répliques d'Hippolyte se terminent par des points de suspension. Expliquez pourquoi.

Sujet d'analyse

22. Ange ou démon ? Ces extrêmes traduisent les deux perceptions d'Hippolyte présentées dans la pièce. Le lecteur, qui connaît la vérité à son sujet, s'étonne de voir comment Thésée détourne chaque argument de son fils, qui cherche en vain à se disculper aux yeux de son père. Analysez les arguments et contre-arguments des deux personnages.

Extrait 8 – acte iv, scène 6, vers 1225 à 1277

Vers l'analyse et la dissertation

23. Ayant appris que non seulement Hippolyte ne l'aime pas, mais qu'il en aime une autre, Phèdre exprime vraiment dans cet extrait les tourments de l'amoureuse déçue. Montrez les diverses facettes de son dépit amoureux et les passions immodérées que cette annonce déclenche en elle.

D'un extrait à l'autre

24. Comparez les réactions de Phèdre et celles de Thésée à l'annonce de la relation amoureuse entre Hippolyte et Aricie. Utilisez principalement des preuves tirées de l'extrait 7 pour Thésée, et celles du présent extrait pour Phèdre.

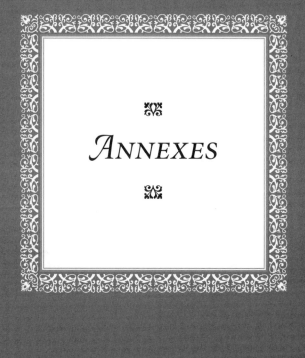

ANNEXES

Au nom du Pere et du Fils et du
Saint Esprit.

Je desire qu'apres ma mort mon corps soit porté a
Port Royal des Champs, et qu'il y soit inhumé dans le
Cimetiere aux piez de la fosse de Mr Hamon. Je supplie
tres humblement la Mere Abbesse et les Religieuses de
vouloir bien m'accorder cet honneur, quoy que je m'en
reconnoisse tres indigne et par les scandales de ma vie
passée, et par le peu d'usage que j'ay fait de l'excellente
education que j'ay receüe autrefois dans cette Maison
et des grands exemples de pieté et de penitence que j'y ay
veüs et dont je n'ay été qu'un sterile admirateur.
Mais plus j'ay offensé Dieu plus j'ay besoin des
prieres d'une si sainte Communauté pour attirer sa
misericorde sur moy. Je prie aussi la Mere Abbesse
et les Religieuses de vouloir accepter une somme de
Huit cens livres que j'ay ordonné qu'on leur donne
apres ma mort. Fait a Paris dans mon cabinet
le dixieme Octobre mille six cent quatrevingt dix
huit. Racine

Le testament de Racine.

« Préface » de *Phèdre* (1677)

Voici encore une tragédie dont le sujet est pris d'Euripide. Quoique j'aie suivi une route un peu différente de celle de cet auteur pour la conduite de l'action, je n'ai pas laissé d'enrichir ma pièce de tout ce qui m'a paru le plus éclatant dans la sienne. Quand je ne lui devrais que la seule idée du caractère de Phèdre, je pourrais dire que je lui dois ce que j'ai peut-être mis de plus raisonnable sur le théâtre. Je ne suis point étonné que ce caractère ait eu un succès si heureux du temps d'Euripide, et qu'il ait encore si bien réussi dans notre siècle, puisqu'il a toutes les qualités qu'Aristote demande dans le héros de la tragédie, et qui sont propres à exciter la compassion et la terreur. En effet, Phèdre n'est ni tout à fait coupable, ni tout à fait innocente. Elle est engagée, par sa destinée et par la colère des dieux, dans une passion illégitime, dont elle a horreur toute la première. Elle fait tous ses efforts pour la surmonter. Elle aime mieux se laisser mourir que de la déclarer à personne, et lorsqu'elle est forcée de la découvrir, elle en parle avec une confusion qui fait bien voir que son crime est plutôt une punition des dieux qu'un mouvement de sa volonté.

J'ai même pris soin de la rendre un peu moins odieuse qu'elle n'est dans les tragédies des Anciens, où elle se résout d'elle-même à accuser Hippolyte. J'ai cru que la calomnie avait quelque chose de trop bas et de trop noir pour la mettre dans la bouche d'une princesse qui a d'ailleurs des sentiments si nobles et si vertueux. Cette bassesse m'a paru plus convenable à une nourrice, qui pouvait avoir des inclinations plus serviles, et qui néanmoins n'entreprend cette fausse accusation que pour sauver la vie et l'honneur de sa maîtresse. Phèdre n'y donne les mains que parce qu'elle est dans une agitation d'esprit qui la met hors d'elle-même, et elle vient un moment après dans le dessein de justifier l'innocence et de déclarer la vérité.

Hippolyte est accusé, dans Euripide et dans Sénèque, d'avoir en effet violé sa belle-mère : *vim corpus tulit*[1]. Mais il n'est ici accusé que d'en avoir eu le dessein. J'ai voulu épargner à Thésée une confusion qui l'aurait pu rendre moins agréable aux spectateurs.

Pour ce qui est du personnage d'Hippolyte, j'avais remarqué dans les Anciens qu'on reprochait à Euripide de l'avoir représenté comme un philosophe exempt de toute imperfection ; ce qui faisait que la mort de ce jeune prince causait beaucoup plus d'indignation que de piété. J'ai cru lui devoir donner quelque faiblesse qui le rendrait un peu coupable envers son père, sans pourtant lui rien ôter de cette grandeur d'âme avec laquelle il épargne l'honneur de Phèdre, et se laisse opprimer sans l'accuser. J'appelle faiblesse la passion qu'il ressent malgré lui pour Aricie, qui est la fille et la sœur des ennemis mortels de son père.

Cette Aricie n'est point un personnage de mon invention. Virgile dit qu'Hippolyte l'épousa, et en eut un fils, après qu'Esculape l'eut ressuscité. Et j'ai lu encore dans quelques auteurs qu'Hippolyte avait épousé et emmené en Italie une jeune Athénienne de grande naissance, qui s'appelait Aricie, et qui avait donné son nom à une petite ville d'Italie.

Je rapporte ces autorités, parce que je me suis très scrupuleusement attaché à suivre la fable. J'ai même suivi l'histoire de Thésée, telle qu'elle est dans Plutarque.

C'est dans cet historien que j'ai trouvé que ce qui avait donné occasion de croire que Thésée fût descendu dans les enfers pour enlever Proserpine, était un voyage que ce prince avait fait en Épire vers la source de l'Achéron, chez un roi dont Pirithoüs voulait enlever la femme, et qui arrêta Thésée prisonnier, après avoir fait mourir Pirithoüs. Ainsi j'ai tâché de conserver la vraisemblance de l'histoire, sans rien perdre des ornements de la fable, qui fournit extrêmement

---

1 *vim corpus tulit* : mon corps a porté en lui-même la violence.

à la poésie; et le bruit de la mort de Thésée, fondé sur ce voyage fabuleux, donne lieu à Phèdre de faire une déclaration d'amour qui devient une des principales causes de son malheur, et qu'elle n'aurait jamais osé faire tant qu'elle aurait cru que son mari était vivant.

Au reste, je n'ose encore assurer que cette pièce soit en effet la meilleure de mes tragédies. Je laisse aux lecteurs et au temps à décider de son véritable prix. Ce que je puis assurer, c'est que je n'en ai point fait où la vertu soit plus mise en jour que dans celle-ci. Les moindres fautes y sont sévèrement punies; la seule pensée du crime y est regardée avec autant d'horreur que le crime même; les faiblesses de l'amour y passent pour de vraies faiblesses; les passions n'y sont présentées aux yeux que pour montrer tout le désordre dont elles sont cause; et le vice y est peint partout avec des couleurs qui en font connaître et haïr la difformité. C'est là proprement le but que tout homme qui travaille pour le public doit se proposer, et c'est ce que les premiers poètes tragiques avaient en vue sur toute chose. Leur théâtre était une école où la vertu n'était pas moins bien enseignée que dans les écoles des philosophes. Aussi Aristote a bien voulu donner des règles du poème dramatique, et Socrate, le plus sage des philosophes, ne dédaignait pas de mettre la main aux tragédies d'Euripide. Il serait à souhaiter que nos ouvrages fussent aussi solides et aussi pleins d'utiles instructions que ceux de ces poètes. Ce serait peut-être un moyen de réconcilier la tragédie avec quantité de personnes célèbres par leur piété et par leur doctrine, qui l'ont condamnée dans ces derniers temps et qui en jugeraient sans doute plus favorablement, si les auteurs songeaient autant à instruire leurs spectateurs qu'à les divertir, et s'ils suivaient en cela la véritable intention de la tragédie.

TABLEAU CHRONOLOGIQUE

	ÉVÉNEMENTS HISTORIQUES EN FRANCE	VIE ET ŒUVRE DE RACINE
1608		
1609		
1610	Assassinat d'Henri IV et début du règne de Louis XIII. Régence de Marie de Médicis (mère de Louis XIII) jusqu'en 1617.	
1617	Pouvoir exercé par Louis XIII jusqu'en 1643.	
1620		
1624	Richelieu ministre jusqu'en 1642.	
1633		
1635	Fondation de l'Académie française.	
1637		
1638		
1639		Naissance à La Ferté-Milon.
1640		
1641		Mort de sa mère.

TABLEAU CHRONOLOGIQUE

ÉVÉNEMENTS CULTURELS ET LITTÉRAIRES EN FRANCE	ÉVÉNEMENTS HISTORIQUES ET CULTURELS HORS DE FRANCE	
Mme de Rambouillet, de santé fragile, quitte la cour et commence à recevoir chez elle.	Fondation de Québec par Samuel de Champlain ; débuts de la colonie française en Amérique.	1608
	Galilée (1564-1642) construit son télescope.	1609
		1610
		1617
Le salon de Mme de Rambouillet est en pleine activité.	États-Unis (colonie britannique) : arrivée du *Mayflower* ; début de la colonisation anglaise massive en Amérique.	1620
		1624
	Galilée à l'Inquisition ; il est forcé d'affirmer que la Terre ne tourne pas autour du Soleil.	1633
		1635
Corneille, *Le Cid* (triomphe). Descartes, *Le Discours de la méthode*.		1637
	Fondation de la colonie française de Saint-Louis, Sénégal.	1638
	Le Japon interdit son territoire aux étrangers, jusqu'en 1853. Chine : fin de la dynastie des Ming.	1639
Corneille, *Cinna*.		1640
	Pays-Bas : condamnation de l'*Augustinus*, de Jansénius, inspirateur du jansénisme.	1641

TABLEAU CHRONOLOGIQUE

	ÉVÉNEMENTS HISTORIQUES EN FRANCE	VIE ET ŒUVRE DE RACINE
1642	Mort de Richelieu.	
1643	Mort de Louis XIII et début du règne de Louis XIV. Régence d'Anne d'Autriche (mère de Louis XIV) jusqu'en 1661. Mazarin ministre jusqu'en 1661.	Mort de son père; orphelin, il est élevé par sa grand-mère.
1644		
1648	Fin de la guerre de Trente Ans : la France acquiert l'Alsace.	
1649	Fronde des parlementaires.	Éducation à Port-Royal (Petites Écoles jansénistes et au collège de Beauvais) jusqu'en 1658.
1650	Fronde des Grands jusqu'en 1652.	
1656		
1658		Collège d'Harcourt, à Paris.
1659	Paix des Pyrénées : la France acquiert le Roussillon et l'Artois.	
1660	Mariage de Louis XIV avec Marie-Thérèse d'Autriche.	Première œuvre d'importance, l'ode *La Nymphe de la Seine*, en l'honneur de la reine.
1661	Mort de Mazarin, pouvoir exercé par Louis XIV jusqu'en 1715. Colbert ministre. Début de la construction du palais de Versailles.	Les autorités de Port-Royal envoient Racine à Uzès, jusqu'en 1663.
1662		

TABLEAU CHRONOLOGIQUE

ÉVÉNEMENTS CULTURELS ET LITTÉRAIRES EN FRANCE	ÉVÉNEMENTS HISTORIQUES ET CULTURELS HORS DE FRANCE	
Corneille, *Polyeucte*.		1642
	Fondation de la colonie française de Madagascar.	1643
Corneille, *Rodogune*.		1644
	Angleterre : Charles Ier condamné à mort. Cromwell : l'Angleterre république, jusqu'en 1658. Traité de Westphalie, l'Allemagne divisée en 350 États.	1648
		1649
		1650
Pascal, *Les Provinciales*.		1656
		1658
Molière, *Les Précieuses ridicules*.		1659
Les Provinciales, brûlées en place publique.		1660
		1661
Molière, *L'École des femmes*.		1662

	ÉVÉNEMENTS HISTORIQUES EN FRANCE	VIE ET ŒUVRE DE RACINE
1663		Racine retourne à Paris et rompt progressivement avec Port-Royal, après la mort de sa grand-mère.
1664		*La Thébaïde ou les Frères ennemis*, première pièce de Racine jouée.
1665		*Alexandre le Grand.* Racine se brouille avec Molière.
1667		Premier chef-d'œuvre, la tragédie *Andromaque* (triomphe).
1668	Traité d'Aix-la-Chapelle, fin de la guerre de Dévolution : la France annexe la Flandre.	*Les Plaideurs* (comédie).
1669		*Britannicus.*
1670		*Bérénice* (rivalité avec Corneille ; Racine l'emporte).
1672		*Bajazet.*
1673		*Mithridate.* Racine est élu à l'Académie française.
1674		*Iphigénie.*
1677		Première présentation de *Phèdre* ; adieux de Racine au théâtre. Il est nommé historiographe du roi et se marie. Il devient un courtisan attaché à consigner la gloire du roi.

TABLEAU CHRONOLOGIQUE

ÉVÉNEMENTS CULTURELS ET LITTÉRAIRES EN FRANCE	ÉVÉNEMENTS HISTORIQUES ET CULTURELS HORS DE FRANCE	
		1663
Corneille, *Othon*. Molière, *Le Tartuffe* (la pièce est interdite).		1664
Corneille, *Agésilas*. Molière, *Dom Juan*. La Rochefoucauld, *Maximes*.		1665
	Angleterre : Milton (1608-1674), *Le Paradis perdu*. L'Angleterre achète New Amsterdam, qui deviendra New York.	1667
La Fontaine, *Fables* (livres I à VI). Molière, *L'Avare*.	Le Portugal retrouve son indépendance, après avoir été dominé par l'Espagne.	1668
Molière, *Le Tartuffe* (la pièce peut enfin être jouée).		1669
Corneille, *Tite et Bérénice*. Molière, *Le Bourgeois gentilhomme*. Pascal, *Les Pensées* (posthume).		1670
Molière, *Les Femmes savantes*.		1672
Molière, *Le Malade imaginaire*.		1673
Boileau, *L'Art poétique*. Corneille, *Suréna*; il se retire définitivement du théâtre.	Inde, fondation de la colonie française de Pondichéry.	1674
Pradon, *Phèdre et Hippolyte*; cabale contre la pièce de Racine qui porte sur le même sujet.		1677

TABLEAU CHRONOLOGIQUE	
ÉVÉNEMENTS HISTORIQUES EN FRANCE	**VIE ET ŒUVRE DE RACINE**
1678	Traité de Nimègue : la France acquiert la Franche-Comté. Apogée du règne de Louis XIV.	
1679		L'affaire des poisons : Racine accusé d'avoir empoisonné une comédienne, la Du Parc.
1680		
1682	La cour déménage de Paris à Versailles.	
1683	Mort de Marie-Thérèse, épouse de Louis XIV.	
1684	Mariage secret du roi et de sa maîtresse de longue date, Mme de Maintenon.	
1685	Révocation de l'édit de Nantes (persécution des protestants).	Réconciliation avec les jansénistes de Port-Royal ; il mènera désormais une vie de piété.
1686		
1687		
1688		

TABLEAU CHRONOLOGIQUE

ÉVÉNEMENTS CULTURELS ET LITTÉRAIRES EN FRANCE	ÉVÉNEMENTS HISTORIQUES ET CULTURELS HORS DE FRANCE	
Mme de La Fayette, *La Princesse de Clèves* (roman). Début de la querelle des Anciens et des Modernes, jusqu'en 1694.		1678
		1679
Fondation de la compagnie de la Comédie-Française.		1680
		1682
	Autriche : siège de Vienne et defaite des Turcs.	1683
		1684
		1685
	Inde : fondation de la colonie française de Chandernagor.	1686
	Angleterre : Newton, *Philosophiae naturalis principia mathematica*, ouvrage fondateur de la science moderne. Le Français D. Papin met au point la machine à vapeur (exilé en Angleterre, puis en Allemagne à la suite de la révocation de l'édit de Nantes).	1687
La Bruyère, *Les Caractères*.	Angleterre : fin de la dynastie des Stuart ; Charles II s'enfuit en France, Guillaume d'Orange devient roi.	1688

	ÉVÉNEMENTS HISTORIQUES EN FRANCE	VIE ET ŒUVRE DE RACINE
	TABLEAU CHRONOLOGIQUE	
1689		*Esther.*
1691		*Athalie.*
1695	Fin des travaux à Versailles sous Louis XIV.	Racine intervient en faveur de Port-Royal.
1697	Défaite de la France contre la ligue d'Augsbourg.	
1699		Mort de Racine. Il est enterré à Port-Royal.
1700		
1701	Guerre de Succession d'Espagne, jusqu'en 1714 ; la France envahie.	
1709		Destruction du monastère de Port-Royal. Les restes de Racine et de Pascal sont ramenés à Paris.
1713	Traité d'Utrecht ; l'Angleterre sort gagnante de la guerre de Succession.	
1715	Mort de Louis XIV.	

TABLEAU CHRONOLOGIQUE

ÉVÉNEMENTS CULTURELS ET LITTÉRAIRES EN FRANCE	ÉVÉNEMENTS HISTORIQUES ET CULTURELS HORS DE FRANCE	
	Russie : Pierre le Grand, tsar.	1689
		1691
		1695
		1697
Fénelon, *Télémaque*. Perrault, *Contes*.		1699
	Espagne : Philippe V, roi (petit-fils de Louis XIV).	1700
	Formation de l'État de Prusse, Frédéric Ier.	1701
		1709
	L'Autriche envahit l'Italie. Traité d'Utrecht : Terre-Neuve, une partie de l'Acadie et la baie d'Hudson passent aux Anglais.	1713
		1715

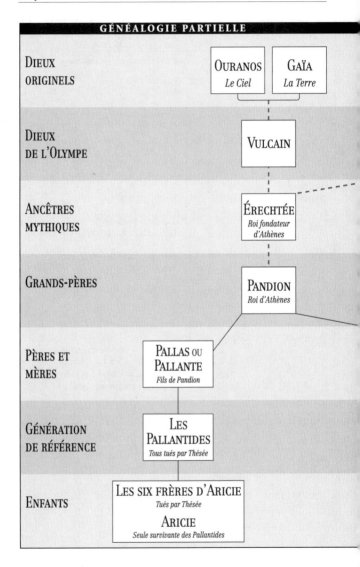

GÉNÉALOGIE PARTIELLE

DIEUX ORIGINELS — OURANOS *Le Ciel* · GAÏA *La Terre*

DIEUX DE L'OLYMPE — VULCAIN

ANCÊTRES MYTHIQUES — ÉRECHTÉE *Roi fondateur d'Athènes*

GRANDS-PÈRES — PANDION *Roi d'Athènes*

PÈRES ET MÈRES — PALLAS OU PALLANTE *Fils de Pandion*

GÉNÉRATION DE RÉFÉRENCE — LES PALLANTIDES *Tous tués par Thésée*

ENFANTS — LES SIX FRÈRES D'ARICIE *Tués par Thésée* · ARICIE *Seule survivante des Pallantides*

GÉNÉALOGIE PARTIELLE

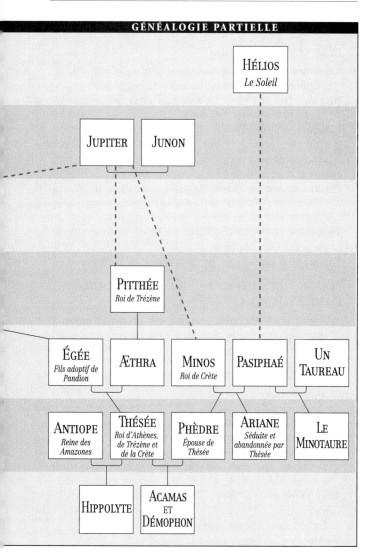

Glossaire des noms propres

PERSONNAGES PRINCIPAUX

Aricie : jeune fille de la descendance de Pallas (Pallante), dont Hippolyte est amoureux.

Hippolyte : fils de Thésée et d'Antiope ; il est l'objet de la flamme de Phèdre et amoureux d'Aricie.

Ismène : confidente d'Aricie.

Œnone : confidente de Phèdre ; elle est à son service depuis sa naissance (nourrice).

Panope : personne de la cour au service de Phèdre.

Phèdre : épouse de Thésée, dont elle a eu deux fils, Acamas et Démophon ; elle est victime d'une passion coupable pour Hippolyte.

Théramène : gouverneur d'Hippolyte ; il est à son service et il a participé à son éducation.

Thésée : fils d'Égée et roi d'Athènes, le mari de Phèdre.

PERSONNAGES, LIEUX ET AUTRES NOMS PROPRES ÉVOQUÉS DANS LA PIÈCE

Achéron : fleuve des Enfers que les morts devaient traverser pour entrer au royaume des ombres (v. 12 et 626).

Alcide : autre nom donné à Hercule, car il est de la famille d'Alcée (v. 78, 470 et 1141).

Amazones : tribu de femmes guerrières méprisant les hommes (v. 29, 204 et 262) ; voir aussi « Scythe ».

Antiope : reine des Amazones ; elle a été l'épouse de Thésée avant Phèdre ; elle est la mère d'Hippolyte (v. 125).

Argos : ville du Péloponnèse, en Grèce (v. 1366).

Ariane : fille de Minos ; elle aida Thésée à vaincre le Minotaure et s'enfuit avec lui, mais il l'abandonna dans l'île de Naxos, où elle mourra (v. 89 et 253).

Attique : région de la Grèce où se trouve Athènes (v. 507).

Cercyon : tyran d'Éleusis ; il tua tous ses adversaires à la lutte, mais fut défait par Thésée (v. 80).

Cocyte : l'un des fleuves des Enfers (v. 385).

Crète : île située au sud de la Grèce ; c'est le royaume de Minos, père d'Ariane et de Phèdre ; c'est dans cette île que se trouvait le Labyrinthe (v. 82, 505, 643 et 649).

Diane (Artémis chez les Grecs) : sœur d'Apollon, déesse de la chasse, protectrice d'Hippolyte ; elle avait la réputation d'être une vierge farouche (v. 1404).

Égée : père de Thésée ; il était roi d'Athènes avant son fils (v. 269 et 497).

Élide : région de la Grèce située au nord de la péninsule du Péloponnèse (v. 13).

Épire : région du nord de la Grèce située, selon la légende, près des Enfers (v. 730, 958 et 978).

Érechtée : roi de l'histoire lointaine d'Athènes dont descendrait Aricie (v. 426).

Hélène : épouse de Ménélas, roi de Sparte ; elle fut enlevée par le troyen Pâris, ce qui provoqua la guerre de Troie ; elle aurait aussi été l'objet de la convoitise amoureuse de Thésée (v. 85).

Hercule (Héraclès chez les Grecs) : demi-dieu qui aurait accompli douze travaux et qui servit de modèle à Thésée (v. 122, 454 et 943) ; voir aussi « Alcide ».

Icare : fils de Dédale, l'architecte du Labyrinthe ; il y fut retenu prisonnier avec son père et s'en échappa grâce à des ailes collées avec de la cire ; il vola trop près du soleil, la cire fondit et il se noya dans la mer (v. 14).

Junon (Héra chez les Grecs) : épouse de Jupiter, déesse protectrice du mariage (v. 1404).

Jupiter (Zeus chez les Grecs) : roi des dieux de l'Olympe et dieu du ciel lumineux, il commande aux forces célestes (foudre, tonnerre) ; il serait l'ancêtre de Thésée (v. 862).

Labyrinthe : construction de nombreux corridors d'où il était quasi impossible de sortir ; le Labyrinthe de Crète aurait été construit par Dédale, sur ordre de Minos, pour confiner le Minotaure (v. 656 et 661).

Médée : magicienne cruelle qui aida Jason à conquérir la Toison d'or. Abandonnée par lui, elle épousa Égée, qu'elle tenta plus tard d'empoisonner en même temps que Thésée pour obtenir le pouvoir à Athènes. Répudiée par Égée, elle fut bannie d'Athènes (v. 1638).

Minerve (Athéna chez les Grecs) : déesse de la raison et de la sagesse, protectrice d'Athènes ; elle serait sortie tout armée du crâne (ou de la cuisse, selon les mythes) de Jupiter (v. 360).

Minos : roi de Crète qui passait pour juste et sage, époux de Pasiphaé et père d'Ariane et de Phèdre ; après sa mort, il devint l'un des trois juges aux Enfers (v. 36, 644, 755 et 1280).

Minotaure : monstre mi-homme, mi-taureau engendré par Pasiphaé ; il était enfermé dans le Labyrinthe, où on lui sacrifiait sept jeunes gens et sept jeunes filles tous les neuf ans ; il fut tué par Thésée (v. 82).

Neptune (Poséidon chez les Grecs) : dieu de la mer, protecteur de Thésée (v. 131, 550, 621, 1065, 1158, 1178, 1179, 1190 et 1484).

Olympe : plus haute montagne de la Grèce, l'Olympe serait le lieu de résidence des dieux (v. 1304).

Pallante (ou Pallas) : roi de l'histoire lointaine d'Athènes ; une fois qu'il fut détrôné, ses descendants eurent tout de même des prétentions légitimes au trône (v. 330 et 1124) ; voir aussi «Pallantides».

Pallantides : descendants de Pallas (ou Pallante) ; ils tentèrent de renverser Égée, mais furent tous tués par Thésée (v. 53) ; on les appelle aussi les «neveux d'Érechtée» (v. 426).

Parque : les trois Parques sont les divinités du destin et de la mort ; la «Parque homicide» est celle qui coupe le fil de la vie des mortels (v. 469).

Pasiphaé : épouse de Minos, mère d'Ariane et de Phèdre ; elle engendra aussi le Minotaure après être tombée amoureuse d'un taureau envoyé en Crète par Neptune (v. 36) ; voir aussi «Soleil».

Péribée : épouse de Télamon, roi de Salamine ; l'une des nombreuses conquêtes amoureuses de Thésée (v. 86).

Pirithoüs (ou Pirithoos) : ami et compagnon d'aventures de Thésée (v. 384 et 962).

Pitthée : roi de Trézène ; à la demande d'Égée, il recueillit Thésée enfant (dont la vie était en danger) ; il enseigna également à Hippolyte (v. 478 et 1103).

Procruste (ou Procuste) : brigand qui faisait subir des supplices aux voyageurs sur la route de Mégare ; il fut tué par Thésée (v. 80).

Salamine : île située entre l'Attique et le Péloponnèse, en Grèce (v. 86).

Scirron (ou Sciron) : géant qui précipitait d'un coup de pied les voyageurs dans la mer ; il fut tué par Thésée (v. 80).

Scythe : personne qui habite la Scythie, région de steppes située au nord de l'Asie Mineure ou près de la mer Noire ; autre nom donné aux Amazones (v. 210 et 788).

Sinnis (ou Sinis) : brigand qui fut tué par Thésée (v. 80).

Soleil : le dieu Hélios, ancêtre de Pasiphaé ; il révéla au grand jour la liaison de Vénus (Aphrodite) et de Mars (Arès chez les Grecs), d'où la malédiction de Vénus sur la descendance de celui-ci ; on comprend donc les amours abominables dont sont affligées Phèdre et sa mère (v. 172 et 1274).

Sparte : ville du Péloponnèse, en Grèce, rivale séculaire d'Athènes (v. 85 et 1366).

Ténare : cap situé au sud du Péloponnèse, en Grèce ; on prétendait qu'une certaine caverne était l'une des entrées des Enfers (v. 13).

Trézène : ville du Péloponnèse, en Grèce, capitale du roi Pitthée (v. 2, 302, 358, etc.)

Vénus (Aphrodite chez les Grecs) : déesse de l'amour ; elle nourrit une haine contre la famille de Minos, dont plusieurs membres furent victimes d'amours monstrueuses (v. 61, 123, 249, 257, 277, 306 et 814).

Lexique de l'œuvre

abuser : enjôler (v. 21) ; se tromper, être dans l'erreur (v. 321, 369, 510 et 1599 ; voir « désabuser ») ; profiter (v. 1629).

accabler : opprimer (v. 211) ; s'acharner sur quelqu'un, (v. 241, 985, 1079 et 1165).

affliger : accabler, fatiguer (v. 161, 314 et 1457) ; peiner, causer du chagrin (v. 1448 et 1499).

affranchir : libérer.

affreux : abominable, horrible, monstrueux, avec l'idée d'infernal.

agiter : tourmenter, rendre inquiet.

aïeul : ancêtre ou grand-père ; en évoquant leurs ancêtres, les personnages de haut rang parlent souvent des dieux.

alarme : crainte, inquiétude.

alarmer : inquiéter, effrayer.

amant(e) : qui aime une personne et désire en être aimé (sans connotation sexuelle) ; au XVIIe siècle, on le distinguait de l'« amoureux », qui aime sans être aimé.

ardeur : passion amoureuse (voir « brûler », « feu », « flamme ») ; de même, l'adjectif « ardent » signifie « amoureux », « passionné ».

artifice : ruse, subterfuge.

assassin : criminel, sans nécessairement être meurtrier.

assez : signifie parfois « trop ».

audace : fierté, esprit de décision (sans idée d'impertinence ou d'effronterie) ; voir aussi « courage ».

bord(s) : lieux, pays lointains, rivages.

borne : limite, frontière entre ce qui est acceptable ou non.

borner : mettre fin à une chose, l'arrêter.

bruit : nouvelle, rumeur (v. 367, 383, 729 et 733) ; renom, réputation (v. 407 et 409).

brûler : métaphore galante de l'amour ; voir aussi les termes reliés à l'idée de chaleur évoquant l'amour : « ardeur », « feu », « flamme ».

charme(s) : au singulier, sortilège, puissance magique, envoûtement (v. 190, 391, 523, 1231 et 1298) ; au pluriel, appâts, attraits, ce qui est attirant chez une personne ou dans une chose (v. 545, 570, 689 et 795).

ciel : par métonymie, les dieux.

courage : cœur, siège des sentiments.

déplorable: digne de compassion, de pitié, qui mérite d'être plaint.

désabuser: tirer de l'erreur, détromper.

détestable: qui suscite l'horreur.

ennui: douleur odieuse, tourment insupportable, violent désespoir.

entendre: comprendre.

exciter: animer, stimuler, aiguillonner (sans connotation de désir charnel).

fatal: imposé par le destin ou les dieux, qui doit arriver nécessairement, inévitablement, mais pas nécessairement lié à l'idée de la mort (v. 25, 249, 300, 652, 680, 789, 1278 et 1298); funeste, méprisable, sinistre, (v. 51 et 261).

fer(s): au singulier, par métonymie, épée (ou tout autre arme blanche) fabriquée de ce métal; au pluriel, chaînes de l'amour, attachement amoureux.

feu(s): métaphore galante pour la passion amoureuse (voir aussi «ardeur», «brûler», «flamme»).

fier: farouche, distant, qui oppose une résistance à l'amour.

fierté: arrogance, orgueil de celui qui refoule ses sentiments.

flamme: amour (voir aussi «ardeur», «brûler», «feu»).

foi: fidélité, confiance, engagement (en particulier, serment amoureux).

formidable: qui inspire la crainte.

fortune: situation, destin, ce qui peut arriver d'heureux ou de malheureux à une personne.

frères: fils des mêmes parents, mais aussi tout autre parent proche (beau-frère, demi-frère, cousin, etc.).

front: tête, visage (v. 160, 801, 1037, 1268, 1342 et 1517); air, attitude (sans idée d'effronterie) (v. 842, 852, 1206 et 1249).

fruit: résultat, avantage que l'on tire d'une entreprise (v. 237, 547 et 1251); enfant, descendance (v. 300).

funeste: qui cause la mort ou en menace; sinistre, tragique, violent.

fureur: folie, délire causé par l'amour; se dit de toutes les passions qui font agir avec de grands emportements.

furieux: emporté, impétueux, frénétique (à cause d'une passion aveugle ou d'une incontrôlable colère).

généreux: de noble nature (pour une chose); qui a l'âme grande et noble, et préfère l'honneur à tout autre intérêt (pour une personne).

gloire : réputation, honneur (valeur primordiale au XVIIe siècle).

glorieux : illustre, de bonne réputation, qui se démarque grâce à sa dignité et à son honneur.

homicide : qui a commis un crime (un meurtre) ; qui donne la mort.

hymen : mariage ; souvent, mariage d'amour (par opposition au mariage d'intérêt ou d'alliance).

injuste : non justifié, illégitime, sans raison fondée (voir aussi «juste»).

joug : dépendance à l'égard de l'amour ; lois et contraintes de l'amour.

juste : réel, véritable ; ou encore justifié, légitime.

languir : souffrir de quelque peine (souvent causée par l'amour déçu) dont la continuité épuise.

lumière : principe intérieur de vie ; la vie elle-même.

noble : ne se dit pas seulement de celui qui est de naissance aristocratique, mais aussi de celui qui a la noblesse du cœur et du caractère ; se dit aussi de choses ou d'actes remarquables, sublimes.

objet : personne aimée ou désirée ; personne considérée comme un jouet dans les mains de quelqu'un, victime.

opprobre : ce qui humilie à l'extrême, de manière éclatante et publique ; déshonneur, honte.

orgueil : fierté, gloire, sans idée d'arrogance ni de dédain, (voir aussi «superbe»).

outrage : offense ou atteinte grave, injure.

outrager : offenser gravement, insulter (en référence à l'honneur).

perfide : qui manque à sa parole ou à son devoir, traître, déloyal.

perfidie : infidélité, acte déloyal.

presser : hâter, insister, aiguillonner.

profane : sacrilège, impie, déloyal ; signifie aussi «impur», «incestueux» (par exemple, pour le désir).

profaner : souiller, avilir.

pudeur : honnête honte, c'est-à-dire le fait de manifester son honnêteté, sa modestie ou sa délicatesse par respect des bienséances.

purger : délivrer, débarrasser, libérer.

race : famille (fils, descendants, par exemple).

raison : jugement, sens du devoir (en référence au conflit raison-passion).

sang : famille (descendants ou ancêtres).

sexe : employé de manière absolue, les femmes (a survécu dans les expressions «le beau sexe», «le sexe faible»).

soin(s) : souci, inquiétude, peine que l'on se donne, souvent par amour (v. 187, 482, 547, 617, 657, 666, 687, 1318, 1386 et 1491) ; devoir, obligation (v. 931, 932, 1210 et 1213).

souffrir : endurer, supporter (v. 600, 1212, 1227, 1257, 1368, 1426 et 1427) ; consentir, permettre (v. 210, 925, 947, 948 et 1034).

superbe : orgueilleux, fier, imposant (sans nuance péjorative ; n'a pas non plus le sens de «magnifique» ou «d'une grande beauté»).

terreur : peur qui paralyse, angoisse vive.

terrible : qui effraie ou provoque des malheurs.

tête : par métonymie, personne.

transport(s) : toute émotion vive, tout élan de passion ; mot employé aussi bien pour des émotions agréables (par exemple, v. 915 et 971) que pour des emportements incontrôlables (par exemple, v. 1183, 1263 et 1462).

travail/travaux : exploit, épreuve (en référence aux travaux d'Hercule).

triste : sombre, funeste ; aussi, éprouvé par le malheur.

trouble : affolement, confusion, égarement.

troubler : affoler, perturber, dérégler.

vertu : sens moderne (chasteté, honnêteté, moralité, respect de la morale) ; mais aussi force, énergie, vigueur, sens moral.

vœu(x) : désir amoureux, souhait d'être aimé par quelqu'un ; au sens large, demande, requête (faite à un personnage puissant ou à un dieu).

Bibliographie

BAILLY, Auguste. *Racine*, Paris, Librairie Arthème Fayard, 1949, 392 p.

BARRIÈRE, Pierre. *La Vie intellectuelle en France du 16ᵉ siècle à l'époque contemporaine*, Paris, Albin Michel, coll. «L'Évolution de l'humanité», 1961 et 1974, 664 p.

BARTHES, Rolland. *Sur Racine*, Paris, Seuil, 1963 (Cercle du livre de France, 1960), 167 p.

BOILEAU-DESPRÉAUX, Nicolas. *Œuvres complètes : Épîtres, L'Art poétique, Le Lutrin*, Paris, Société des Belles Lettres, coll. des universités de France, 1967, 374 p.

CAYROU, Gaston. *Le français classique : lexique de la langue français au XVIIᵉ siècle*, Paris, Didier, 1948, 884 p.

GIRAUDOUX, Jean. *Racine*, Éditions Bernard Grasset, 1950, 67 p.

GOLDMANN, Lucien. *Le dieu caché : étude sur la vision tragique dans* Les Pensées *de Pascal et dans le théâtre de Racine*, Paris, Gallimard NRF, coll. «Bibliothèque des idées», 1959, 454 p.

HOPE MONCRIEFF, A. R. *Le Guide illustré de la mythologie classique (The Illustrated Guide to Classical Mythology)*, Paris, France Loisirs, 1993, 160 p.

HORVILLE, Robert. *Anthologie de la littérature française du XVIIᵉ siècle*, Paris, Larousse, coll. «Classiques Larousse», 1994, 335 p.

LACRETELLE, Jacques de et LACRETELLE Pierre de. *Racine*, Paris, Librairie académique Perrin, 1970, 254 p.

LAGARDE, André et MICHARD Laurent. *XVIIᵉ siècle : les grands auteurs au programme*, tome III, Paris, Bordas, 1966, 448 p.

MAURIAC, François. *La Vie de Jean Racine*, Paris, Plon, coll. «Le roman des grandes existences», nº 15, 1928, 255 p.

MERCANTON, Jacques. *Racine*, Bruges (Belgique), Desclée de Brouwer, coll. «Les Écrivains devant Dieu», 1966, 141 p.

PÉGUY, Charles. *Victor-Marie comte Hugo*, Paris, Gallimard NRF, 1934, 241 p.

RACINE, Jean. *Théâtre complet, édition de Maurice Rat*, Paris, Garnier, coll. «Classiques», 1969, 744 p.

ROY, J.-J.-E. *Histoire de Racine, contenant des détails sur sa vie privée et ses ouvrages et des fragments de sa correspondance*, Tours (France), Alfred Mame et fils éditeurs, 1877, 239 p.

SÉVIGNÉ, Marie de, RABUTIN-CHANTAL, marquise de. *Lettres choisies*, Paris, Classiques illustrés Hachette, 1967, 127 p.

SPITZER, Léo. *Études de style*, Paris, Gallimard, NRF, coll. «Bibliothèque des idées», 1970, 531 p. (Une section est consacrée à Racine : «L'effet de sourdine dans le style classique : Racine», p. 208 à 335.)

THÉNOT, Philippe. *Racine*, Phèdre, Paris, Ellipses, coll. «40/4», 1996, 78 p.

Sites Internet

http://membres.tripod.fr/racine/
Diverses manifestations culturelles, en France et à l'étranger, liées au tricentenaire de la mort de Racine (1699-1999).

http://www.cg78.fr/racine/
Biographie de Racine ainsi qu'un programme d'expositions, conférences, concerts, spectacles divers, etc. dans la région immédiate de Port-Royal (France).

http://home.worldnet.fr/cietheat/wbiographieracinexx.htm
Site bilingue (français, anglais) comprenant une biographie de Racine par Jean Fumeroli (Acad. française), nombreux liens hypertexte, entre autres une bibliographie des livres sur Racine publiés au cours des dix dernières années.

http://ambafrance.org/FLORILEGE/
Anthologie hypertextuelle de la poésie française comprenant des extraits d'œuvres de Racine.

http://www.le-chateau.ilias.com/
Bibliothèque virtuelle des grandes œuvres de la littérature française.

http://cedric.cnam.fr/ABU
CEDRIC : Centre d'étude et de recherche en informatique du CNAM, qui abrite le site de l'ABU, une bibliothèque virtuelle.

http://swarthmore.edu/humanities/clicnet/litterature/abc/r.html
Bibliothèque virtuelle et informations sur les auteurs et leurs écrits.

http://habenix.uni-muenster.de/Romanistik/Lacouriere/Litterature-17.htm
Anthologie, biographies, extraits ; liens hypertexte et répertoire de sites sur le XVII siècle.

http://www.virtuel.collegedeb.qc.ca/francais/gravel/
Site du département de français du Cégep de Bois-de-Boulogne, comprenant des informations sur les cours 101 et 102, le contexte sociohistorique, etc.

http://www.academie-francaise.fr
Site de l'Académie qui comprend, entre autres, la biographie des quelque 700 Immortels, parmi lesquels se trouve Racine.

http://www.letttres.net
Site consacré à l'étude et à l'enseignement du français ; comprend entre autres des «cours en ligne», dont plusieurs traitent de l'amour dans les œuvres de Racine.